国家职业技能等级评价教材

互联网营销师

（高级工/三级）

中国轻工企业投资发展协会　编著

主　编　师　帅

副主编　张　华　周洋生

方舒敏　李胜男　张天艺

中国轻工业出版社

图书在版编目（CIP）数据

互联网营销师：高级工 / 三级 / 中国轻工企业投资发展协会编著. —北京：中国轻工业出版社，2025.9
国家职业技能等级评价教材
ISBN 978-7-5184-4305-5

Ⅰ. ①互… Ⅱ. ①中… Ⅲ. ①网络营销—职业技能—鉴定—教材 Ⅳ. ①F713.365.2

中国国家版本馆CIP数据核字（2023）第033557号

责任编辑：崔丽娜　　责任终审：高惠京
整体设计：锋尚设计　　责任校对：吴大朋　　责任监印：张　可

出版发行：中国轻工业出版社（北京鲁谷东街5号，邮编：100040）
印　　刷：三河市万龙印装有限公司
经　　销：各地新华书店
版　　次：2025年9月第1版第2次印刷
开　　本：787 × 1092　1/16　印张：11.5
字　　数：270千字
书　　号：ISBN 978-7-5184-4305-5　定价：48.00元
邮购电话：010-85119873
发行电话：010-85119832　010-85119912
网　　址：http://www.chlip.com.cn
Email：club@chlip.com.cn

251645J4C102ZBQ

教材编审委员会

互联网营销师国家职业技能等级评价教材

总　序

为加快建立劳动者终身职业技能培训制度，大力贯彻落实职业技能提升行动，推进行业技能人才评价制度改革，进一步规范行业培训管理，提高培训质量，依据中国就业培训技术指导中心《关于印发国家职业技能标准制定工作计划的通知》（中就培函〔2020〕24号）、中国轻工业联合会《关于落实〈国家职业技能标准制定工作计划（2020—2022年）〉的通知》（中轻联工艺发〔2020年〕1号）等文件的要求，中国轻工企业投资发展协会在组织有关专家主笔制定《互联网营销师国家职业技能标准（2021年版）》（以下简称《标准》）工作的基础上，同步编写了《互联网营销师国家职业技能等级评价教材》（以下简称《等级教材》）。

互联网营销师等级教材对照《标准》编写，内容上突出职业能力优先的编写原则，结构上按照职业功能模块分级编写。该等级教材共包括《互联网营销师（通用知识）》《互联网营销师（初级工/五级）》《互联网营销师（中级工/四级）》《互联网营销师（高级工/三级）》《互联网营销师（技师/二级）（高级技师/一级）》，共5本。《互联网营销师（通用知识）》是各级别互联网营销师均需掌握的基础知识，其他各级别教材内容为各级别互联网营销师应掌握的本级别理论知识和操作技能。

本教材是互联网营销师等级教材中的一本，是职业技能等级评价推荐教材，也是职业技能等级评价题库开发的重要依据，适用于互联网营销师职业技能等级评价培训和中短期职业技能培训。

互联网营销师等级教材在编写过程中得到了中国轻工业联合会的指

导，以及中国轻工业联合会轻工业职业能力评价中心、大国匠心（北京）科技有限公司、匠心引力（北京）科技有限公司、中国新高教集团有限公司、云南工商学院、贵州工商职业学院、洛阳科技职业学院、北京零度创意文化中心、北京豌豆尖文化科技有限责任公司、北京开拓明天科技股份有限公司、长沙三赞文化传媒有限公司、中思智数教育科技有限公司、成都锦城学院直播商学院、快手金视商商学院、杭州鲲鹏宇翅文化传媒有限公司、南京玺承企业管理咨询有限公司、深圳市大鹅科技有限公司、北京领训教育咨询有限公司等单位的大力支持与协助，在此一并表示衷心感谢。

中国轻工企业投资发展协会

2022年3月15日

前　言

通过近十年时间对电商企业的深度观察与咨询辅导，我们惊奇地发现了一个规律：一个企业或者产品能否获得市场成功，40%是由行业决定的，20%是由产品决定的，20%是由营销决定的，最后20%是由渠道决定的。

不同的行业或产品在比例上有差异，但结构是一致的，而且在不同行业、不同规模的企业和产品上，也是适用这个规律的，这就是“底层逻辑”。怎么理解这个公式呢?

首先，行业和产品的发展，都是会经历从形成到衰退的四个阶段，在不同阶段进入就会有不同的结果，如何找到市场风口、如何挖掘蓝海市场，是每个企业必须思考的问题；其次，选品员能否保证产品的质量、建立优质的供应链，关乎利润和竞争底气，产品是否有差异化，决定了企业是否需要打价格战；市场营销体系，主要目的是塑造和强化品牌和产品价值，通过消费洞察，建立行之有效的营销体系，提高产品的溢价能力和市场竞争力；最后，渠道主要考核的是企业是否有大流量稳定运营的能力，不管是免费还是付费，关键在于企业能否承接得住。

我们站在旁观者的角度可以发现，目前的互联网营销现状：行业的红利逐渐消失，大部分市场已经进入零和博弈，平台的竞争格局初步形成，群雄割据时代基本结束，同时一些培训机构或个人在不断提出新的观点，让大家在学习上更难分辨和选择。其实，这些现象说明电商行业还未进入衰退期。任何时候进入一个行业都有机会，躬身入局、心细如发者，只要把每个细节做到位，市场会给予回报的。至于知识和方法，“适合”永远比“有用”重要。

选品员、直播销售员、视频创推员和平台管理员，组成了互联网营销团队。决定团队下限的，是每个岗位人员的长处和优点；而决定团队上限的，是每个人的短板。在团队初创和起步阶段，需要思考的是如何发挥每个人的长处，做出成绩；而团队到了发展期和瓶颈期，则需要团队成员齐头并进、通力合作，不断弥补能力缺口。

本书将从“互联网市场分析”“互联网营销策划”“互联网营销客户管理”“内容制作基础知识”“互联网营销工作准备”“产品信息收集”“产品确定与规划”“直播营销”“视频创推”“技术支持与互动管理”“售后与复盘”这些方面给大家讲解高级工/三级需要掌握的知识、技能和素养，文中列举了大量的案例帮助大家理解，并匹配了与知识对应的使用工具与表格。当然，受限于编者团队的知识与认知，以及行业知识更新较快，本书内容还有较大的完善空间，欢迎读者多提宝贵意见。同时，本书引用了一些专家学者及相关人士的观点，在此对他们表示衷心的感谢和崇高的敬意。

编者

目　录

第一篇　专业基础知识

第一篇
专业基础知识

第 1 章 互联网市场分析

知识目标

1. 理解互联网市场购买行为；
2. 熟悉互联网市场调研的步骤、消费者购买决策的过程以及市场的购买行为；
3. 掌握搜集资料、设计问卷、实施调研的方法。

技能目标

1. 运用互联网市场调研的方法进行产品调研；
2. 掌握消费者购买决策的过程及市场的购买行为，设计出让消费者购买的营销策略。

职业素养

1. 拥有实事求是、爱岗敬业、奉献社会的职业道德；
2. 具备敢于创新、尽职尽责、刻苦钻研的职业精神。

1.1 互联网市场调研

1.1.1 搜集资料

1.1.1.1 搜集资料的方式

互联网上虽有海量的资料，但要找到自己需要的信息并不轻松。首先，必须熟悉搜索引擎的使用；其次，要掌握专题型网络信息资源的分布情况。网上搜集资料主要通过以下3种方法：利用搜索引擎查找资料；访问相关网站（如各种专题性或综合性网站）查找资料；利用相关的网上数据库查找资料。

（1）利用搜索引擎查找资料

搜索引擎使用自动索引软件来发现、收集并标识网页，建立数据库，以网页形式给用户提供一个检索界面，供用户以关键词、词组或短语等检索项查询与提问匹配的记录，搜索引擎已成为网络上功能非常突出的应用。

（2）访问相关网站查找资料

如果知道某一专题的信息主要集中在哪些网站，就可直接访问这些网站，获得所需资料。

（3）利用相关的网上数据库查找资料

网上数据库有付费和免费两种。在国外，市场调研用的数据库一般都是付费的。我国的数据库业近十年来有较大的发展，近几年也出现了几个Web版的数据库，但它们都属于文献信息型的数据库。

1.1.1.2 搜集资料的内容

（1）收集竞争者信息

收集互联网上竞争者信息的途径主要有以下几个：访问竞争者的网站；收集竞争者在网上发布的信息；从其他网上媒体获取竞争者信息；从有关社群和BBS中获取竞争者信息等。

市场领导者可选择网络的各种信息传播途径，如网站或参与BBS论坛讨论，以发现潜在威胁者和最新竞争动态，然后有针对性地访问其挑战者的网站，了解其发展状况，以做好应战准备；挑战追随者主要是选择访问市场领导者的网站和扮作市场领导者的顾客来收集其信息，同时以一些公众性的网上媒体为辅助；补充者可能限于资金等因素，主要通过访问竞争者网站了解竞争动态。例如，卓越亚马逊网站收集竞争对象当当网信息的方法是登录当当的网站，了解其商品种类、价格水平、服务方式等信息。

（2）收集市场行情信息

企业收集市场行情信息，主要是收集产品价格变动、供求变化方面的信息。目前互联网上建有许多信息网，具体如下：

①实时行情信息网。例如，东方财富网提供的是中国股市的实时行情信息。

②专业产品商情信息网。例如，太平洋电脑网提供的是与计算机相关的硬件设备及部分IT产品的报价信息。

③综合类信息网。例如，淘宝网提供各种商品的零售价格信息。

（3）收集顾客信息

了解顾客偏好也就是收集顾客的个性特征，如地址、年龄、E-mail、职业等，为企业细分市场和寻求市场机会提供依据。企业可以登录提供顾客信息统计的网站，收集二手资料。二手资料的收集相对于一手资料的收集更加快捷，成本也更加低廉，如艾瑞咨询集团提供很多顾客信息的统计数据。

此外，企业可以在已经统计过的访问者计算机上放置一个小文件（称为Cookie），记录访问者的编号和个性特征，这样既可以让访问者下次接受调研时无需填写重复信息，也可以减少对同一访问者的重复调研；企业也可以采用奖励或赠送的办法，吸引访问者登记和填写个人情况表，以获取访问者的个性特征。必须注意的是，企业在收集访问者的敏感信息时，应注意适度原则，避免收集到虚假信息。

（4）收集市场环境信息

企业仅仅了解一些与其紧密关联的信息是不够的，特别是在做重大决策时，还必须了解一些政治、法律、文化、地理环境等宏观和微观环境的信息，这有助于企业从全局综合考虑市场变化因素，寻求市场商机。对于政治信息、经济信息，企业可以从一些政府、国际组织的网站中查找，如国家统计局的官方网站提供很多宏观环境的数据。

1.1.2　设计问卷

（1）探索性工作

编写问卷中的问题并不是问卷设计工作的第一步。在具体动手编制问卷的第一个问题之前，必须有一段时间的探索性工作。这种探索性工作才是问卷设计的第一步。

探索性工作最常见的方式是问卷设计者亲自进行一定时间的非结构式访问，即围绕着所要研究的问题，以十分随便、十分自然、十分融洽的方式，同各种类型的回答者交谈。把研究的各种设想、各种问题、各个方面的内容，在不同类型的回答者中进行尝试和比较。以便从中获得对各种问题的提法、实际语言、可能的回答种类等信息。同时，还可以在接近回答者的方式、封面信的设计、问题的数量与次序、问题的适当形式以及减少拒答率等方面形成较为客观的认识。

在问卷回答中，许多致命的含糊性及许多不符合客观实际的回答，常常潜藏在设计者难以察觉、未曾想到的地方。而探索性工作对于防止这种情况的出现，对于设计问题的实际用语有着极大的帮助。因为在访谈过程中，当我们提出的问题是含糊的或者太抽象时，同回答者的交谈必然会受到阻碍，回答者要么会提出疑问，要么会做出文不对题的回答。当遇到这种情况时，研究者就可以对自己的提问进行分析，不断改进问题的提法。

另外，探索性工作对于我们把自由回答的开放式问题转变成多项选择的封闭式问题具有十分重要的作用。问卷的设计者常常不清楚各类回答者对于某一问题会有哪些种类的回答，通过探索性工作中同各种不同的回答者交谈、询问可以发现，人们的回答大致可以分为哪几种主要的类型。这样在实际问卷的设计中，设计者就可以用这几种主要的类型作为该问题中供回答者选择的答案，再加上一个“其他”类，就构成了问卷中的一个封闭式问题。

（2）设计问卷初稿

经过了探索性工作，就可以开始动手设计问卷初稿了。此时，头脑中已经有了研究所涉及的主要问题及答案的初步印象。接下来的工作是，如何把这些零散的问题和答案“组装”成一份合适的问卷。在实际设计工作中，研究人员常常采用以下两种方法进行分析：一种称为卡片法，另一种称为框图法。

①卡片法。卡片法的第一步是根据设计者在探索性工作中的记录、印象或认识，把每一个问题及答案单独写在一张卡片上。如果有50个问题，就有50张卡片。第二步是按照卡片上问题的主题内容，把问题卡片分成若干堆，即属于询问同一类事物或事件的问题放在一堆。第三步是在每一堆中按日常询问的习惯与逻辑排出问题的先后顺序。第四步是根据问卷的逻辑结构排出各堆的前后顺序，使全部卡片连成一份完整的问卷。第五步是从回答者阅读和填答问卷是否方便，是否会造成对回答者心理的影响等不同角度，反复检查问题的前后连贯性及逻辑性，对不当之处逐一调整，并可补充一些新的问题卡片。最后把调整好的问题依次写到纸上，形成问卷初稿。

②框图法。框图法与卡片法不同，它的第一步是根据研究假设和所需资料的逻辑结构，在纸上画出整个问卷的各个部分及前后顺序框图。第二步是从回答者回答是否方便，是否会形成心理压力，问题内容前后是否符合逻辑等方面反复考虑这些部分的前后顺序。第三步是具体写出每一部分的问题及答案，并安排好它们在该部分中的顺序和形式。最后对全部问题的形式、前后顺序等方面从总体上进行修订和调整，然后将结果抄写在另一纸上，形成问卷初稿。

这两种方法的区别在于卡片法是从问题开始，由部分到整体。而框图法相反，先从总体结构开始，由部分到具体问题。由于卡片法采用卡片形式，所以很容易着手进行，特别是在调整问题相互间的顺序和修改问题方面十分方便。缺点是在第一阶段编写具体问题时，由于缺乏总的结构，所以常常漏写某些方面的问题。而框图法虽然在安排问卷各个部分的顺序和逻辑结构方面比卡片法容易，但修改问题、调整问题则显然没有卡片法方便。因此，最好是将两种方式结合使用，比如可按下列步骤进行：①根据研究假设和所测变量的逻辑结构，列出问卷各个部分的内容，并安排好它们的前后顺序；②一个部分一个部分地将探索性工作中得到的问题及答案写在一张张卡片上；③在每一部分中，安排并调整卡片间的结构和顺序；④从总体上对各部分的卡片进行反复检查和调整；⑤将满意的结果抄写在纸上，并附上封面信等有关内容，形成问卷初稿。

（3）试用和修改

问卷初稿写好后，必须先将它用于一次试调查，而不能直接将它用于正式调查。试用这一步在问卷设计工作中至关重要，即使调查者时间紧张，也一定要做。

虽然试调查可以在访问调查过程中将问卷中存在的各种缺陷和遗漏得到修改和补充，但是在问卷调查中，却很少有人做到这一点。只要问卷正式发出，一切潜在的缺陷和错误都将直接展现在被调查者面前，然后又带着使研究者十分遗憾和后悔的资料回到研究者手中。在这一过程中，研究者即使发现了所存在的缺陷，也无法纠正。所以，问卷设计中的任何一点不足，都将在最终的问卷资料中留下印记，造成难以弥补的损失。正是在这种意义上，我们强调试用在问卷设计过程中的不可省略性。

试调查的具体方法有以下两种：

第一种可称为客观检验法。它是将设计好的问卷初稿打印若干份，然后在正式调查的总体中选择一个小样本来进行试用。这样，正式调查时会遇到和会出现的问题，通常也会在这种试调查中遇到和出现。这种方法起到了对问卷进行客观检查的作用。试用的结果是我们关注的中心，通常可对下述方面进行检查和分析。

①回收率。在某种程度上，回收率可看成是对问卷设计者的总体评价。如果回收率较低，比如说60%以下，那么说明问卷设计中存在较大问题，必须做出较大修改，甚至重新设计。

②有效回收率。即除去各种废卷后的回收率。它比一般的回收率更能反映出问卷本身的质量。如果某一问卷的回收率较高，如80%，但其中一半没填或随意填写的，个人所有背景资料都未填的问卷占了30%，仍说明问卷设计中存在较大问题。

③对未回答的问题的分析。如果问卷中有几个问题普遍未被回答，那么就要仔细检查这几个问题，分析出被调查者未填答的原因。如果是从某一个问题开始，后面部分的问题都未填答，那么有可能是前半部分的问题太难回答或太花费时间，导致被调查者不愿继续填写下去；也有可能是中断部分前后几个问题难以回答，使回答者放弃继续填写。因此，一定要找出中断的原因。

④对填答错误的分析。如果是填答内容上的错误，则可能是对问题的含义不理解或误解造成的，因此要仔细检查问题的语言是否明确、具体。如果是填写形式上的错误，则有可能是问题形式过于复杂，或者指示不清楚造成的。

第二种方法可称为主观评价法。它是将设计好的问卷初稿抄写或复印若干份，分别送给该研究领域的专家、学者、研究者的同行以及典型的被调查者等，请他们根据自己的经验和认识，从各个不同的角度和不同的方面直接对问卷进行评论，指出问卷中的各种缺陷或错误。

在实际社会研究中，除了某些小型问卷调查仅仅采用主观评价的方法外，大部分问卷调查都往往采用客观检验法，还有一些调查同时采用两种方法相结合。

1.1.3　实施调研

互联网市场调研是企业主动利用互联网获取信息的重要手段。与传统调研类似，互联网市场调研必须遵循一定的方法和步骤去实施调研。

（1）确定网络调研目标

互联网作为企业与顾客的有效沟通渠道，可以使企业直接与顾客进行充分的沟通交流，了解企业的产品和服务是否满足顾客的需求，同时了解顾客对企业潜在的期望和改进的建议。在确定网络调研目标时，企业需要考虑的是被调研对象是否上网，网民中是否存在被调研群体，规模有多大。只有网民中的有效调研对象足够多时，网络调研才可能得出有效结论。

（2）确定调研方法和设计问卷

网络调研的方法主要是问卷调研法，设计网络调研问卷是网络调研的关键。由于互联网的交互性特点，网络调研问卷可以采用分层设计。这种方式适合过滤型的调研活动，因为有些特定问题只限于一部分被调研者，所以可以借助层次的过滤寻找适合的被调研者。

（3）选择调研方式

企业进行网络调研时采取较多的方法是被动调研方法，即将调研问卷放到网站上等待被调研对象自行访问和接受调研。采用这种调研方式，吸引访问者参与调研是关键。为提高受众参与的积极性，企业可提供免费礼品、调研报告等。另外，必须向被调研者承诺并且做到其个人隐私不会被泄露和传播。

（4）分析调研结果

分析调研结果是市场调研能否发挥作用的关键，它与传统调研的结果分析类似，也要尽量排除不合格的问卷，这就需要企业对大量回收的问卷进行综合分析和论证。

（5）撰写调研报告

撰写调研报告是网络调研成果的体现。撰写调研报告主要是在分析调研结果的基础上，对调研的数据和结论进行系统的说明，并对有关结论进行探讨性的说明。

（6）答谢被调研者

给予被调研者适当的奖励和答谢对于网络调研来说是十分必要的，这既有利于调动网上用户参与网络调研的积极性，又可以弥补因接受调研而附加到被调研者身上的费用（如网络使用费等）。企业可以采取抽奖的方法来答谢被调研者，不过应注意中奖人数和奖品价值要与调研内容和企业规模相适应。另外，企业也可以在调研报告后面致谢，或以向被调研者免费发送完整调研报告的形式来鼓励用户填写问卷。

1.2 互联网市场购买行为

1.2.1 消费者购买决策

消费者购买决策过程是消费者购买动机转化为购买活动的过程。不同消费者的购买决策过程有其特殊性，也有一致性。研究消费者购买决策过程可以使营销活动更具针对性并提高营销业绩。

1.2.1.1 消费者购买决策的参与者

消费者购买决策的参与者主要包括：

①发起者。首先提出购买某种商品和服务的人。

②影响者。直接或间接影响最后决策的人。

③决策者。在是否买、买什么、买多少等方面能够做出完全或部分最终决策的人。

④购买者。实际执行购买决定的人。

⑤使用者。直接使用或消费所购商品或服务的人。

1.2.1.2 消费者购买行为类型

（1）复杂的购买行为

复杂的购买行为是指消费者高度介入在众多具有明显差异的品牌中进行反复选择的购买行为。当消费者参与购买的程度较高，并且不是很了解品牌间的差异时，大都属于这种购买行为。

（2）寻求多样化的购买行为

这是为了使消费多样化而常常变换品牌的一种购买行为。它一般是指对品牌差异大但介入程度较低商品的购买。例如，对于饼干、膨化食品等休闲食品的购买基本上属于这种购买行为。

（3）寻求平衡的购买行为

寻求平衡的购买行为是指消费者在购买时介入程度较高，但商品品牌差异又不大的一种购买行为。

（4）习惯性的购买行为

习惯性的购买行为是指消费者在购买时介入程度较低，有明显的品牌偏好，购买决策简单的一种购买行为。

1.2.1.3　网络消费者的购买过程

（1）确定需要

购买过程开始于购买者对某个问题或需要的确认。这个需要是由内部刺激或外部刺激引起的。比如饥饿、干渴等都属于内部刺激，当其需要强度达到一定程度就形成一种购买动力。外部刺激也能引起人们强烈的购买欲望，如人们路过食品店时，看到陈列精美的蛋糕会引起食欲。

（2）收集信息

消费者的信息来源分为4类：

①个人来源。包括家庭、朋友、邻居、熟人等。

②商业来源。包括商业广告、推销员、经销商、商品包装、展览等。

③公共来源。包括大众媒体、消费者评比机构等。

④经验来源。包括产品的处理、检查与使用等。

（3）评价过程

消费者的评价过程依次表现在以下几个方面：①产品属性；②属性权重；③品牌信念；④效用函数。

（4）购买决策

购买决策是购买决策过程的中心环节。经过评价选择后，消费者便形成了对某个品牌的偏好和购买意向。接下来消费者就要做出购买决策，购买决策通常有三种：一是消费者认为商品质量、款式、价格等符合自己的要求和购买力，决定立即购买；二是认为商品的某些方面还不能完全满意或价格偏高等决定延期购买；三是对商品质量、价格等不满意而决定放弃购买。

（5）购后行为

消费者购后行为对企业的影响是至关重要的。首先，它决定着消费者是否重复购买。其次，对其他消费者的购买行为有着重要的影响。因此，企业应采取各种有效的措施，尽可能地使消费者感到满意。

1.2.2　网络组织机构市场购买行为

网络组织机构市场是指由各种组织机构形成的对企业产品和劳务需求的总和。它包括网络企业市场和网络政府市场。

1.2.2.1　网络企业市场的购买行为

（1）网络企业市场的定义

网络企业市场，是指通过网上交易购买产品和服务，将其用于其他产品和劳务的生产，以供销售的组织和个人。网络企业市场是社会物质产品和劳务的主要提供者，在各类组织机构市场中占有重要的地位。

（2）网络企业市场的特点

与消费者市场相比，网络企业市场有着明显的特点，具体表现如下：

①企业市场上购买者数量较少，批量较大；

②企业市场上的购买者在地理区域上相对集中；

③企业市场的需求具有派生性；

④企业市场的需求缺乏弹性；

⑤企业市场的需求具有波动性；

⑥企业市场购买的专业性强；

⑦企业市场的购买基本上是直接购买；

⑧企业市场的购买具有互惠性。

（3）网络企业市场的营销方法

分析了网络企业市场的特点之后，企业要研究如何充分利用网络企业市场的优势，开展有效的营销活动，吸引客户的购买，具体方法如下：

①供需信息实时交换；

②通过虚拟组织加强供需双方的沟通；

③人员沟通和网络沟通并重；

④中间商务环节进一步减少。

（4）企业购买者的购买类型

企业购买者在进行购买活动时要进行一系列的决策，其决策的难度以购买类型而定。企业购买者的购买类型大致可分为以下3种：①直接重购；②修正重购；③新购。

（5）企业购买者决策的参与者

企业用户购买决策的所有参与者组成的组织被美国营销学家韦伯斯特和温德称为“采购中心”。所谓采购中心是指：“所有参与购买决策过程的个人和集体，他们具有某种共同目标，并一起承担由决策所引发的各种风险。”一个企业的采购中心通常包括以下5种人员：

①使用者。他们对购买产品的品种、规格决策起着重要的作用。

②影响者。主要是指企业内外一切对最终购买决策有影响的人员，如使用者、技术人员、推销员等。

③采购者。是指企业中拥有正式采购职权的人员。

④决策者。是指在企业中有批准购买产品的权力的人员。

⑤信息控制者。是指企业内部和外部能控制市场信息传送到决策者、使用者的人员，如企业的购买代理商、技术人员等。

1.2.2.2　网络政府市场的购买行为

（1）网络政府市场的定义

网络政府市场是指为执行政府职能而采购商品或租用货物的各级政府单位。政府市场是服务于国家和社会，以实现社会整体利益为目标的有关组织，包括各级政府和下属各部门、军队、警察、消防队和监狱等。从广义上看，政府的购买需求包括办公需求和公共事业建设需求。

（2）政府采购的特征

①非盈利性；
②集体性；
③社会性；
④临时性。

（3）政府采购的优势

政府采购是政府给供应商下订单的经营行为。而网上采购则使对采购过程的控制得到了加强，并且带来了更多的便利。政府通过网络进行采购的优势主要有以下几点：
①增加透明度；
②节约采购成本；
③节省招标的时间；
④政务公开，便于加强沟通。

（4）影响政府采购的主要因素

政府采购者的采购行为同样也受到环境因素、组织因素、人际关系因素和个人因素的影响，值得指出的是，政府采购者的行为还要受到社会公众的制约。公众有责任监督和制约政府采购者的采购行为。

（5）政府采购者的决策过程

政府采购者的决策过程根据购买情况不同而不同，这一点与企业市场的采购者的决策过程基本一致。在政府的常规性商品的采购活动中，由于购买对象、数量和时间有较强的计划性，供应商的更换频率不高，所以决策的内容并不复杂，但审批手续比较烦琐，拖延的时间较长。

第2章

互联网营销策划

知识目标

1. 理解编制销售计划、预算、活动分析，互联网营销成交促进的方法；
2. 熟悉新品类型、新品价格策略、新品市场策略，媒体关系维护管理；
3. 掌握互联网营销渠道的新建类型、合作及管理，关注市场动态的方法。

技能目标

1. 运用编制销售计划、预算、活动分析的相关知识，合理设计营销预算；
2. 掌握互联网营销的产品策划、渠道策划、市场推广策划的流程，制订整体的营销计划。

职业素养

1. 拥有诚实守信、自洁自律、团结协作的职业道德；
2. 具备认真负责、高效执行、不畏困难的职业精神。

2.1 制订互联网销售计划

2.1.1　编制销售计划

2.1.1.1　销售计划的概念

销售计划是指企业在一定时期内产品销售数量、销售收入和交货期的计划。销售计划的展望期一般为1～5年，计划周期为半月、月、季度或年。科学的销售计划能有效地提高企业的竞争能力，具体表现在：

①销售计划是保证企业顺利实现再生产的前提；

②销售计划是密切企业之间的经济协作关系、顺利履行合同的基本保证；

③销售计划是促进企业改善经营管理、提高经济效益的重要手段。

2.1.1.2　编制销售计划的具体步骤

（1）分析市场行情

分析市场行情主要工作内容包括：

①计划执行情况，如以前销售计划的执行情况等；

②产品特性，如产品的季节性、区域性等；

③平台特性，如该平台的定位以及主要服务人群；

④人员特性，如销售人员的数量、结构、素质、拥有客户群等；

⑤竞争对手情况，如竞争对手的实力、实绩、政策等；

⑥社会动态，如政府的经济政策、物价、市场状况、利率、经济增长率，以及同行业的动向等；

⑦本公司的产品情况，如在展望期内本公司的销售业绩按计划周期计算市场占有率、市场收入、毛利润及其在相邻计划周期的变化情况等。

（2）确定销售目标

企业在做了充分的市场调查的基础上，利用预测理论分析出企业生产的相关产品的市场总额、市场占有率、单位价格等，并由此计算出企业在展望期内的销售总收入。计算公式为：

企业销售总收入=Σ（某种产品的市场总量×企业该产品市场占有率×该产品单位价格）

常用的确定销售目标的方法主要有以下几点：

①基于过去的实绩，依据为：销售预测、销售成长率。

②基于利益及生存条件，依据为：总资产纯益值、纯益目标值、所需要的成本。

③基于市场，依据为：市场占有率、市场扩大率、顾客购买率。

④其他方法，比如：根据各种估计合成、根据新政策、根据销售负责人所提供的情报、根据各种基准值。

（3）确定营销策略

销售目标的实现，必须依靠一系列的销售策略来保证，包括市场开发策略、产品开发策略、产品定价策略、推销策略等。

①市场开发策略。包括老市场的纵深发展和新市场的开拓，主要有市场渗透型、产品发展型、市场开拓型、综合发展型四种类型。

②产品开发策略。充分利用企业的技术力量、生产能力、市场资源等优势，开发适销的、规格多样的产品，从而提高企业的市场适应能力，并有效地规避或分散投资风险。

③产品定价策略。在给产品定价时，首先要考虑价格能否被消费者接受、是否有竞争力。常见的定价类型如下：

传统生产型定价：成本+税金+利润=定价

经营型定价：定价-税金-利润=成本（以消费者为中心）

从市场来看，定价要被消费者接受且要具有竞争力。因为只要参照竞品，定价方面的空间就很小了，除非所生产的产品是独有的，拥有绝对的自主定价权；而税金更是确定的。所以，对于企业而言，能把控的基本上就是自己的成本了。在相同的定价基础上，企业的成本越低，实现的利润就越高。

由此可见，企业的利润是企业通过降低成本来实现的。

④推销策略。优质的产品还要有好的推销方式。推销策略的出发点是通过有效的方法使消费者了解企业和产品，激发购买动机和行为，推销策略主要包括：广告宣传、派员推销、促销活动、售后服务等。

（4）编制销售计划

企业计划展望期内的产品销售数量、销售收入、交货期及产品销售策略等确定后，便可进入产品销售计划的编制环节了。

企业销售计划通常是按年、月、半月进行制定或滚动制定，主要依据如下：

①年销售计划的主要依据：经销商年度合同和市场预测数据。

②月和半月销售计划的主要依据：正式合同。

③滚动计划的主要依据：正式合同和市场预测数据。

此外，还可以具体到某个地区、某类客户（群）或某个销售员个人按特定期限进行制定。

（5）执行销售计划

产品销售计划的执行是实现产品销售的重要环节，企业领导必须定期召集有关业务人员对销售计划进行分析和评价，深入了解产品供求状况、销售渠道、广告效果、定价情况、售后服务情况等，并由此及时地对销售计划进行调整和完善。对销售计划的评价主要内容有：

①市场评价：对产品实际销售的市场范围、市场占有率情况的分析评价。

②用户评价：对有关用户的反馈意见的分析评价。

③竞争对手评价：对竞争对手市场变化情况的分析评价。

④销售目标评价：对销售目标实现的程度及存在问题的分析评价。

⑤销售计划评价：对销售计划落实的情况、执行中存在的问题的分析评价。

2.1.2　编制销售预算

2.1.2.1　销售预算的定义

销售预算是指企业销售计划对开展产品销售活动费用的匡算，是企业进行产品销售活动投入资金的使用计划，它把销售费用和销售目标联系起来，规定了计划期内开展销售业务所需的费用总额、使用范围和使用方法。销售预算额度过大，会造成资金的浪费；销售预算额度过小，又无法实现预算的产品销售目标。

2.1.2.2　编制销售预算的过程

（1）根据销售目标确定销售工作范围

通常情况下，公司的销售和利润目标是由最高管理层决定的，最高管理层是公司所有者负责。为了吸引投资和贷款，公司必须保持足够的投资回报。否则，公司的成长机会和生存将受到严重的威胁。公司的销售经理和销售人员的责任就是创造能达到公司最高层的目标的销售额，但前提是必须考虑成本。

为了达到既定的销售目标，需要确定潜在顾客和他们的需求。设计产品、生产产品和为产品定价，通过各种方式与顾客沟通，招聘、培训销售人员等。另外，必须开发具有销售管理潜能的人才。

（2）确定固定成本与变动成本

在一定销售额的范围内，不会随着销售额的增减而变化的成本称为固定成本。而随着销售产品数量的增减而同步变化的成本称为变动成本。

固定成本通常包括销售经理和销售人员的工资、销售办公费用、培训师的工资、被培训销售人员的工资、例行的销售产品展示费用、保险、一些固定税收、固定交通费用、固定娱乐费用、折旧费用等。

变动成本通常包括提成和奖金、运输费、相关税收、交通费、广告和销售促进费等。

（3）进行量本利分析

当销售人员被分配年度销售和利润目标后，必须保持对达到目标过程的控制。这种控制最好按月进行。本量利分析法是一种有效的分析方法。

盈亏平衡点（Break Even Point，BEP）是本量利分析法中最重要的概念。它是指为了使收入能够弥补成本（包括固定成本和变动成本）的最低销售量。其计算公式如下：

$$BEP=FC/(P-VC)$$

FC为总固定成本，P为单位产品售价，VC为单位产品的变动成本。

（4）根据利润目标分析价格和费用的变化

根据量本利分析结果，营销人员需要知道各种行动对公司盈亏平衡点的影响。当公司的价格、成本、销售量处于盈亏平衡点时，销售收入刚好弥补所有的成本费用，公司处于零利润的状态。这只是一个理论上存在的状态，很少有公司刚好处于这种状态。但有些公司接近这种状态，也可以认为是处于盈亏平衡点，以便于分析和管理。

当固定成本先下降之后又上升，而价格和变动成本不变时，例如一个销售人员的离开，使固定成本下降、盈亏平衡点下降。如果销售量不变，则利润会增加。

相反，如果营销人员决定将两个区域分割为4个，那么就需要增加2个销售员，这时，固定成本会上升，盈亏平衡点时的销售量会增加。如果销售量不变，则利润将下降。

在第一种情况下，营销人员决定削减广告费用，单位变动成本会下降。假定销售量没有损失，盈亏平衡时销售量就会下降，因此，利润会上升。另外，如果营销人员增加广告的费用，变动成本会上升，从而盈亏平衡点也会上升，如果销售量不增加，则利润会很快下降。

因此，通过试验各种价格和成本的变化，营销人员可以看到其对盈亏平衡点和利润的影响。

2.1.2.3 确定销售预算的方法

（1）销售百分比法

用该方法确定销售预算时，比较常用的做法是用上一年度的费用与销售百分比，结合预算年度的预测销售量来确定销售预算。另一种做法是把费用的销售百分比进行加权平均，其结果作为预算年度的销售预算。该方法往往忽视了公司的长期目标，不利于开拓新的市场，比较适合于销售市场比较成熟的公司。同时，该方法不利于公司吸纳新的销售人才，因为从长远来看，吸引有发展潜力的销售人员对公司的长期发展是必不可少的，但这种方法促使销售经理只注重短期目标，而忽视对公司具有长期意义的人才的培养。

（2）标杆法

该方法是以行业内主要竞争对手的销售费用为基础制定的。同意用这种方法的销售经理都认为销售成果取决于竞争实力，用这种方法必须对行业及竞争对手有充分的了解，做到这一点需要及时得到大量的行业及竞争对手的资料，但通常情况下，得到的资料是反映以往年度的市场及竞争状况。用这种方法分配销售预算，有时不能达到同等竞争的目的。

（3）边际收益法

这里的边际收益是指每增加一名销售人员所获得的效益。由于销售潜力是有限的，随着销售人员的增加，其收益会越来越少，而每个销售人员的费用是大致不变的，因此，当增加一个销售人员，其收益和费用接近时，再增加销售人员，费用反而会比收益要大。边际收益法要求销售人员的边际收益大于零。边际收益法也有一个很大的缺点，在销售水平、竞争状况和市场其他因素变化的情况下，确定销售人员的边际收益是很困难的。

（4）零基预算法

零基预算法是假定在一个预算期内每一项活动都从零开始。销售经理提出销售活动必需的费用，并且对这些活动进行投入产出分析，优先选择那些对组织目标贡献大的活动。这样反复分析，直到把所有的活动按贡献大小排序，然后将费用按照这个序列进行分配。另外，使用这种方法需经过反复论证才能确定所需的预算。

（5）目标任务法

目标任务法是一种可以有效地分配达成目标的任务的方法。以下举例说明这种方法：

公司计划实现的销售额为1.4亿元。

假设销售投入为500万元，销售人员对总任务的贡献水平为64%，由于销售人员努力获得的销售收入为：1.4亿×64%=8960万元，则销售投入/销售收入≈5.6%；

假设广告费用为200万元，广告对总任务的贡献水平为25.6%，由于广告实现销售收入为：1.4亿×25.6%=3584万元，则广告的费用/销售收入≈5.6%。

这种情况下，两种活动对任务的贡献是一致的。假如广告的回报比较低，公司可以考虑减少广告费，增加销售投入。该方法要求数据充分，因而管理工作量较大，但由于它直观易懂，所以很多公司使用这种方法。

（6）投入产出法

投入产出法是对目标任务法的改进。目标任务法是一定时间内费用与销售收入的比较。但有时有些费用投入后，其效益在当期显示不出来，则无法真实反映费用投入占销售收入的比率。投入产出法不强调时间性，而是强调投入与产出的实际关系，因此一定程度上弥补了目标任务法的缺点。

2.1.3　销售活动分析

2.1.3.1　销售活动分析的作用

（1）通过销售分析与评价，有利于企业经营管理水平的提高

销售分析与评价作为认识实践的重要方法，可以帮助销售管理人员正确认识各项销售活动的内在联系，明确影响销售活动的各种原因，找出销售活动中存在的关键问题。这将为销售措施的改进和新的销售战略的制定提供科学依据。在销售战略的实施过程中进行销售分析与评价，既可监督、检查战略的实施情况，又能考察销售战略是否符合实际和是否有效。

（2）通过销售分析与评价，有利于目标管理的推行

企业根据市场需要实行目标管理，要做到“人人有事做，事事有人做”。不能出现人浮于事

或有事无人做的现象。企业在实现目标过程中，离不开销售分析与评价，需要经常检查计划目标的完成情况、分析影响计划完成的原因，找出有利于完成计划的积极因素和阻碍计划完成的消极因素，正确评价企业各项销售工作，从而为之后制定改进措施或调整计划目标提供依据。同时，开展销售分析与评价，能把影响销售活动的主客观原因区分开来，可以查清各责任单位对销售成果的影响，从而分清责任和贡献大小，有利于把经济责任和经济利益结合起来。

（3）通过销售分析与评价，有利于目标利润的实现

企业以目标市场需求为中心，不断满足顾客需要，其目的在于扩大销售，获取利润。企业开展销售分析与评价，通过对影响利润形成的各种因素的分析比较，可以衡量企业销售活动取得的成果与存在的差距，判断各项销售措施的得失。同时，通过对人力、物力、财力等资源利用情况的分析，可以找出优化资源利用的方法，这对企业不断提高经济效益，实现预期利润具有重要作用。

2.1.3.2 销售活动分析的程序

销售分析与评价作为销售工作的重要环节，要有组织、有秩序地进行。因此，应遵循一定的程序，具体说来一般有以下几个步骤。

（1）确定分析计划

为了提高销售分析的准确性，销售分析应有计划地进行。分析计划要确定分析的目的和要求、分析的内容和范围、分析工作的组织和分工、分析的资料来源、分析的方法等。在分析计划的执行过程中，如果出现新问题、新情况，应及时加以补充和修改，以确保分析工作的正常运转，提高分析质量。

（2）收集分析资料

分析资料是进行销售分析的重要依据，分析人员应全面、系统、完整地收集各方面的资料。一般来说，分析资料主要包括：各项销售计划、预算、定额、责任指标等计划资料，各项业务核算资料，各种内外部报表资料，同行业有关资料，有关协议、决议等文件报告资料，以及各种环境状况、市场状况、顾客意见等销售调查资料。

（3）研究分析资料

资料收集要进行整理、分析和研究。对于不正确的或失实的资料应剔除；对于不可比的资料要予以调查或进行淘汰。对符合实际的、有用的资料，进行归纳、分类和整理，运用不同的分析方法进行比较分析，找出实际与计划、与上期、与先进水平的差异，确定应当研究的重点问题。然后，分析形成差异的各种原因，分清主次，测定各种因素的影响程度，以找到问题的关键，最终为解决问题提供思路。

（4）做出分析结论

进行销售分析与评价主要是为了肯定成绩、总结经验、发现问题、吸取教训，挖掘潜

力，制定最佳销售组合，实现更多的利润。在做出分析结论时，对各项销售业绩的评价应当切合实际，并对其中的问题提出切实可行的改进措施、建议和实施方案。同时还应对以往分析中所提出的改进措施、建议和实施方案的实施效果做出分析评价。

（5）编写分析报告

销售分析报告是销售人员向销售主管部门及有关领导汇报分析情况的书面资料。分析报告的编写因分析内容不同而有所区别。如：有的是全面分析，有的是专题分析，有的是定期分析，有的是日常分析，侧重面都是不一样的。但其基本要求是一致的，即要实事求是，客观而全面；重点突出，防止面面俱到；对情况的说明要真实准确，做出结论要有根据，避免主观臆断；提出的改进措施、意见和方案要具体可行；文字力求简明扼要，图表力求清晰易懂。另外，销售分析报告应及时送达有关部门和人员，提高其时效性，真正为提高销售管理水平、扩大销售业绩做贡献。

2.1.3.3　销售活动分析的方法

（1）绝对分析法

绝对分析法是通过销售指标绝对数值的对比确定数量差异的一种方法，它是应用较为广泛的一种方法，其作用在于揭示客观存在的差距，发现值得研究的问题，为进一步分析原因指明方向。

依据分析的不同要求主要可做三种比较分析，即将实际资料与计划资料对比、与前期资料对比、与先进资料对比。

①与计划资料对比，可以找出实际与计划的差异，说明计划完成的情况，为进一步分析指明方向。

②与前期资料对比，如与前一个月、前一个季度的同期对比可反映销售活动的发展动态，考察销售活动的进展情况。

③与先进资料对比，可以找出同先进水平的差距，有利于吸收和推广先进经验，挖掘潜力，提高工作效率和利润水平。

在运用绝对分析法时，要注意对比指标的可比性，对比双方指标的指标内容、计算方法以及采用的计价标准和时间单位应当一致。在与其他企业比较时，还要考虑各种不同因素的影响。

（2）相对分析法

相对分析法是指通过计算、对比销售指标比率，确定相对数差异的一种分析方法。利用这一方法，可以把某些不同条件下不可比的指标变为可比指标，进行对比分析。依据分析的不同目的和要求，可计算出各种不同的比率进行对比。分析方法主要有以下几种。

①相关比率分析。该方法是将两个性质不同而又相关的指标数值相比，求出比率，从销售活动的客观联系中进行分析研究。例如，将纯利润与企业全部投资相比，求出投资收益率；将销售费用与销售收入额相比，求出销售费用率等。然后利用这些经济指标再进行对比分析。

②构成比率分析。这是计算某项销售指标占总体的比重，分析其构成比率的变化，掌握该项销售指标的变化情况。例如，将某一种产品的销售额与企业总的销售额相比，求出它的构成比率，然后将它的前期构成比率和其他产品构成比率相对比，能发现它的变化情况和变化趋势。

③动态比率分析。这是将某项销售指标不同时期的数值相比，求出比率，以观察其动态变化过程和增减变化的速度。由于采用的基期数值不一样，计算出的动态比率有两种，即定基动态比率和环比动态比率。

定基动态比率是指某一时期的数值固定为基期数值计算的动态比率。计算公式为：

$$定基动态比率=比较期数值 / 固定基期数值 \times 100\%$$

环比动态比率是指以每一比较期的前期数值为基期数值计算的动态比率。计算公式为：

$$环比动态比率=比较期数值 / 前期数值 \times 100\%$$

（3）因素替代法

因素替代法是指通过逐个替代因素，计算几个相互联系的因素对经济指标变动影响程度的一种分析方法。

在运用因素替代法时要保持严格的因素替代顺序，不能随意改变。分析前必须研究各因素的相互依存关系。一般来说，有实物量指标和货币量指标，应先替换实物量指标，后替换货币量指标，因为实物量指标的增减变化一般不会改变货币量指标的变化。就数量指标和质量指标而言，应先替换数量指标，后替换质量指标。这是因为数量指标的增减变化在其他条件不变的情况下，一般不会改变质量指标的变化。如果同类指标又有各种因素，则应分清主要和次要的因素，依据其依存关系确定替代顺序。这样有利于分清各个因素对销售指标变动的影响程度，判断有关方面的经济责任，公正评价销售管理部门的工作。

（4）量本利分析法

量本利分析法是依据销售量、销售成本和利润之间的相互关系，测量三者之间变量关系的分析方法。

销售量、销售成本、利润三者之间的关系是：销售收入与销售成本之间的差额为利润（或亏损）。销售成本包括固定成本和变动成本两类。固定成本不随销售量的增减而变动，但每个单位产品的固定成本随销售量的增减而变动。变动成本随销售量的增减而增减，而每个单位产品的变动成本不变。

运用量本利分析法，首先测算保本点即盈亏平衡点，然后在此基础上进行分析。盈亏平衡点是指销售收入额正好抵补销售成本额，既无利润也无亏损的状态。如果销售量大于盈亏平衡点就能获得一定的利润，如果销售量小于盈亏平衡点就会发生亏损。

2.1.3.4 撰写销售活动分析报告

（1）销售活动分析报告的作用

销售活动分析是人们认识经济活动的一种重要手段，是企业进行经营管理的一项重要方法。销售活动分析报告是企业根据销售活动的各项计划指标、销售活动开展情况的各种统计资料、会计核算资料以及调查研究所掌握的情况，对本企业的销售活动状况进行分析评价而写出的书面报告。

销售活动分析报告对于实际工作的作用：

①促进销售计划的完成。企业通过销售活动分析报告来检查销售计划执行的进度和结果，计划指标完成的好坏。根据检查的结果，从薄弱环节入手，进一步加强工作，从而全面地促进各项销售计划的顺利完成。

②为提高经济效益服务。企业在经营管理中的成绩与教训在分析报告中也要通过具体的事实和分析反映出来，这样企业就可以针对经验教训，进一步研究提高经营管理的方法，充分挖掘潜力，调动各方面的积极性，有效地使用人力、物力和财力，不断提高经济效益。

③为制订新的销售计划提供依据。销售活动分析报告不仅能够反映计划指标的完成情况，而且能够反映促进计划完成的积极因素和阻碍计划完成的消极因素，反映出进一步开展销售活动的新问题、新情况，特别是能够反映出进一步开展销售活动的新意见、新措施，这将为领导制订新的销售计划提供重要的依据。

（2）销售活动分析报告的特点

销售活动分析报告主要有以下特点：

①专业性。销售活动分析报告大多是销售人员结合自己的业务工作，根据所掌握的销售指标、各类业务报表以及调查材料而写成的，具有一定的专业性，不具体从事这一方面的业务工作，很难写出这种报告。

②定期性。销售活动分析报告常常要作为定期的报告资料进行上报。当销售活动进行到一定时期（一个月、一季度或一年），就要及时写出这一时期的分析报告，以便上级部门及时了解情况。

③注重数量描述。销售活动分析报告非常注重使用数字，往往要引用相当多的数据对销售状况进行定量分析或定性分析。有时为了更清楚地说明问题，还会采用数据表格的形式。

（3）销售活动分析报告的结构与写法

①标题。一般要写明分析的单位、分析的时限和分析的内容，最后加上“分析”或“分析报告”等字样，如《2020年某地区手表销售情况分析》。有时，也可省略分析单位和分析时限，突出分析报告的主要内容。

②正文。正文一般包括销售活动情况概述、销售活动状况分析和改进工作的意见三个方面的内容。

A. 销售活动状况概述是分析报告的开头，一般要针对分析的对象列举主要指标完成情况，概括说明销售活动的基本情况，说明该系统、该部门、该单位经营管理的效果。有的分析报告还要说明一下分析的目的。这部分的写作语言要简明扼要，要紧扣分析对象加以概括说明，使人看后得到一个清晰的基本印象。

B. 销售活动状况分析是主体部分。这部分要对开头概述的情况加以分解，进一步针对分析对象，运用数据、资料和事实，对销售活动展开具体分析。

这部分要根据分析的目的和报告的种类灵活安排分析的内容。综合分析报告，应对各项重要销售指标的完成情况逐项进行分析；专题分析报告，则要针对专门分析的问题从不同方面、不同角度展开分析；简要分析报告，应抓住几个主要指标或一两个重点问题加以分析。

一般情况下，分析时既要分析销售活动的成效，又要揭示问题。当然，有的专题分析报告可以专门对问题进行分析。在分析论证时，还要分清主次，突出分析的重点。

从文字表达形式来看，包括列举数据和进行文字分析两种。列举数据在分析报告中一般都占有相当的比例，它能够从量的角度说明销售活动状况的优劣。文字分析，是指对销售活动效果的主客观因素及其相互关系，对不同管理手段优劣的探究。如果说列举数据表现的是事物“现象”，那么文字分析则是揭示事物“本质”。

列举数据与文字分析在安排形式上可以灵活处理，大体有以下3种情况：

a. 先列出数据，然后进行文字分析；

b. 先使用文字分析，后列举数据；

c. 文字分析中融入数字说明。

数据的列举既要准确，又要精要，要尽量避免数据繁杂，使分析报告成为数字的罗列。文字分析要注意结合有说服力的事实材料，不能空洞地评论；同时要注意能够抓住事物的矛盾和本质，在客观的分析中引入正确的结论，体现出作者对事物具有清醒的认识和科学的总结。

对销售活动进行分析，还应灵活运用不同的分析方法，比如对比分析法（将可比资料进行对比，用以说明和反映事物间的联系与差异）、因素分析法（把对比分析所确定的差异数值作为分析对象，找出产生差异的各个因素及其影响程度）和动态分析法（将反映发展水平的动态指标按时间顺序排列进行分析，以表明销售活动的发展趋势）。

C. 改进工作的意见。销售活动的开展，不可能十全十美，总是有所不足。这些不足在分析中应明确地指出来，但指出问题不是最终目的，而是要改进工作，推动销售活动的进一步开展。因此，分析报告的结尾往往要提出改进工作的意见和建议，也就是回答“怎么办”的问题。全面分析报告往往有这一部分内容，某些以分析问题为主的专题分析报告，这部分内容是比较突出的。当然，也有的分析报告没有这一部分，如简要分析报告主要起到反映情况、交流信息的作用，因此这部分内容往往不写。

这部分文字的详略，可视情况而定。有的只简要地提出几点意见，有的则较为具体，写出改进工作的具体方法、步骤，应注意的问题，甚至要阐述一下此意见、此措施的重要性。这样详细地提出意见、措施，已不是单纯将其作为分析报告的结尾了，而是作为分析报告的一个重要组成部分。

③署名和填写日期。正文结束后，在正文右下方写上作者（单位或个人）的名称（姓名），然后填上日期。

（4）撰写销售活动分析报告应注意的问题

①遵循一定的撰写步骤。撰写销售活动分析报告是技术性较强的写作活动，必须按步骤进行，特别要注意做好写作前的各项准备工作。目前一些分析报告质量不高或报送不及时，其重要的一个原因是缺少必要的程序，准备不充分。分析报告的撰写大体应按以下步骤进行：

A. 制订分析计划，明确分析的目的、要求；

B．收集资料，掌握数据；

C．综合材料，概括分析；

D．拟订写作提纲；

E．拟稿与修改。

②以政策为依据进行评价。对企业销售活动进行评价，要依据党和国家的方针和政策。在考虑企业经济效益的好坏时，首先要检查其贯彻党和国家的方针、政策的情况；既要反对不重视从经济效益上评价一个企业、一个部门经营管理的做法，也要反对单纯以经济效益的好坏为依据来评价企业活动。

③要全面辩证地分析。分析报告撰写中常出现的另一个问题是写成绩多而写问题少。应一分为二地、全面地看待问题，既要肯定成绩，又要找出问题，既报“喜”，又报“忧”，实事求是，坚持客观分析。对问题的产生，也要既分析客观原因，又要分析主观原因，不能只强调客观原因，而忽视主观原因。

④要力求精简。需注意以下几点：

A．材料不宜过多，观点要鲜明；

B．不需要面面俱到，但要突出重点；

C．语言不要冗长，要精练。

2.2 互联网营销产品策划

2.2.1　产品类型分析

在互联网中，无论是新研制的产品还是对旧产品的更迭换代都要在满足用户的需求上进行生产，同时还要使企业的利益得到保障。根据互联网的特性可以把产品分为以下6个层次。

（1）核心利益层次

核心利益层次是指产品能够提供给消费者的基本效用或益处，是消费者真正想要购买的产品。

（2）有形产品层次

有形产品层次是产品在市场上出现时的具体物质形态，主要表现在品质、特征、式样、商标、包装方面，它们是用户追求的核心。

（3）期望产品层次

期望产品层次在网络营销中，顾客作为主导地位，消费呈现出个性化的特征，不同的消费者可能对产品的要求不一样，因此产品的设计和开发必须满足顾客这种个性化消费需求。

（4）延伸产品层次

延伸产品层次是指由产品的生产者或经营者提供的购买者需求，主要是帮助用户更好地使用核心利益和服务。

（5）潜在产品层次

潜在产品层次是在延伸产品层次之外，由企业提供能够满足顾客潜在需求的产品层次。它主要是产品的一种增值服务，它与延伸产品的主要区别是顾客没有潜在产品层次仍然可以很好地使用顾客需要的产品的核心利益和服务。

2.2.2 新品价格策略

2.2.2.1 影响网络营销价格的因素

企业的网络营销价格主要受到以下几个因素的影响。

（1）成本因素

成本因素是网络营销定价的最低界限，对企业网络营销价格有很大的影响。产品成本是由产品在生产过程和流通过程中耗费的物质资料和支付的劳动报酬所形成的，其一般由固定成本和变动成本两部分组成。

（2）供求关系

供求关系是影响企业网络营销定价的基本因素之一。一般而言，当商品供小于求时，企业产品的营销价格可能会高一些；反之，则可能会低一些。在供求基本一致时，企业的销售价格将采用买卖双方都能接受的“均衡价格”。此外，在供求关系中，企业产品营销价格还受到供求弹性的影响。一般来说，需求价格弹性较大的商品，可采取薄利多销策略；而需求价格弹性较小的商品，可采取适当高价策略。

（3）竞争因素

竞争因素对价格的影响，主要考虑商品的供求关系及变化趋势，竞争对手的商品定价目标和定价策略以及变化趋势。竞争是影响企业产品定价的重要因素之一，在实际营销过程中，以竞争对手为主的定价方法主要有三种：低于竞争对手的价格、与竞争对手同价和高于竞争对手的价格。

（4）其他因素

除了上述3个主要因素以外，市场营销的其他组合因素，如产品、营销渠道、促销手段、消费者心理、企业本身规模、财务状况和国家政策等，也会对企业的网络营销价格产生不同程度的影响。

2.2.2.2　网络营销定价的特点

开放、快捷的互联网使企业、消费者和中间商对产品的价格信息都有比较充分的了解，因此网络营销定价与传统营销有很大的不同。网络营销定价主要有以下特点。

（1）低价位化

首先，互联网成为企业和消费者交换信息的渠道，一方面可以减少印刷费用与邮递成本，免交店面租金，节约水电费与人工成本，另一方面可以减少由于多次迂回交换造成的损耗。其次，网络营销能使企业绕过许多中间环节和消费者直接接触，进而使企业产品开发和营销成本大大降低。最后，消费者可以通过开放互动的互联网掌握产品的各种价格信息，并对其进行充分的比较和选择，迫使开展网络营销的企业以尽可能低的价格出售产品，增大对消费者的让渡价值。

（2）全球定价化

网络营销市场面对的是开放的和全球化的市场，世界各地的消费者可以直接通过网站进行交易。企业的目标市场从过去受地理位置限制的局部市场，一下拓展到范围广泛的全球性市场，这使得网络营销产品定价时必须考虑目标市场范围的变化带来的影响因素。企业不能以统一市场策略来面对差异性极大的全球性市场，而是必须采用全球化和本地化相结合的原则进行。

（3）价格水平趋于一致化

互联网市场是一个开放的、透明的市场，在这个市场中，消费者可以及时获得同类产品或相关产品的价格信息，对价格及产品进行充分的比较，迫使企业努力减少因国家、地区等因素的不同而产生的价格差异，进而使价格趋于一致。

（4）弹性化

开放、快捷的互联网能够使消费者及时获取各种产品的多个甚至全部厂家的价格信息，真正做到货比多家，这就决定了网上销售的价格弹性很大。因此，企业在制定网上销售价格时，应当科学量化每个环节的价格构成，制定出较为合理的价格策略。另外，随着消费者不断趋于理性化，企业在网络营销定价时要综合考虑各种因素，如消费者的价值观、消费者的偏好等。

（5）顾客主导化

传统市场中，产品的价格是以生产成本为基准，加上一定的利润率，就成为市场价格。在互联网市场中，消费者能及时获取产品及其价格的各种信息，通过综合这些信息决定是否接受企业报价并达成交易。所以，在定价时，企业必须考虑消费者的心理特点和价格预期，以消费者为中心，根据生产成本和消费者心理意识到的产品价值综合定价，以赢得消费者的接受和认可，产生购买欲望，实现双赢。

2.2.2.3 网络营销定价的过程

（1）确定网络营销定价目标

网络营销定价目标是指企业通过制定产品网络营销价格所要求达到的目的。企业网络营销定价的目标主要包括：维持生存、当期利润最大化、市场占有率最大化、产品质量最优化等。不同的定价目标，有着不同的含义和运用条件，企业可以据此制定产品的价格。就网络营销初期来看，企业进入网络营销市场的首要目标是占领市场求得生存发展机会，然后才是追求利润。

（2）确定网络营销价格

企业要想制定合理的网络营销价格，必须做好以下几个方面：

①企业必须通过调研活动获取并分析消费者的需求，主要包括市场的总需求量，需求结构以及不同价格水平上人们可能购买的数量与需求价格弹性等。

②相关人员要对产品的成本进行评估。

③分析市场中同类产品与替代品的价格及其策略，为企业选择定价目标和定价方法提供参照。

④初步确定网络营销价格，然后经实验市场上征求消费者的意见后，最终确定产品的网络营销价格。

2.2.2.4 具体价格策略

（1）定制定价策略

定制定价策略的核心是价格会变动，根据消费者的需求进行针对性的定价。要实行定制定价策略，需要进行资料的搜集，建立数据库，将每一个客户都当成是一个独立的个体。定制定价策略常适用于服务类，如品牌传播服务、网站优化推广、网站关键字推广等，需要根据客户的需求进行详细的分析，确定其难度，从而定制出一个合理的价格。

（2）低价定价策略

低价定价策略可以说是一种耳熟能详的定价策略，低价定价策略的核心是薄利多销和抢占市场。薄利多销的前提是产品的需求量较大，生产的效率较高，就如日常的生活用品（纸巾、洗发水等）一样。而抢占市场适用于一个新产品的发布，为了提高市场的知名度，树立消费者的认知，新产品的低价定价策略是一个不错的选择。

（3）拍卖定价策略

拍卖定价策略是一种较为新颖的定价策略，物品起始的价格非常低，甚至为零，但是经过一番消费者的争夺后，其价格便会无限制地上涨。甚至其竞拍的价格会高于货品一般的价格，如一些数量稀少难以确定价格的货品都可设置拍卖定价策略。运用拍卖定价策略的前提是货品稀少、市场需求大。

（4）捆绑定价策略

捆绑定价策略是现代最为普遍的一种定价策略。捆绑定价策略多运用于配套的产品或服务，也可运用于类似的产品销售。但是捆绑定价策略不可令消费者产生负面的印象，需要令消费者满意。

（5）品牌定价策略

在现代的产品销售中，定价除了考虑产品的成本和质量外，还需要考虑产品的品牌性，而现代消费者消费也具有品牌针对性。当消费者认准了一个品牌后，未来的消费都会倾向于该品牌。品牌的知名度是建立在不断的推广、维护上的，所以在进行网络营销时需要考虑产品的品牌性，如著名的品牌，其定价便需要定高些，这样才能显示其品牌价值。

（6）尾数定价

尾数定价，又称奇数定价，或者零头定价，是利用消费者在数字认识上的某种心理制定尾数价格，使消费者产生商品价格较低、商家定价认真以及售价接近成本等信任感。

（7）差别定价

差别定价又称“弹性定价”，是一种“以顾客支付意愿”制定不同价格的定价方法，其目的在于建立基本需求、缓和需求的波动和刺激消费。当一种产品对不同的消费者，或在不同的市场上的定价与它的成本不成比例时，就会产生差别定价。

2.2.3 新品市场策略

2.2.3.1 新品市场策略的含义

任何一种新产品，想要让消费者欣然接受，都必须制定相应的市场策略，以达到企业的预期目的。因此，这就要求销售部门在对新产品进行市场推广之前，必须掌握新产品的各种特征、属性、生命周期，并据此制定出新颖的市场策略与规划，以达到促进人们对新产品的认识，提高新产品的曝光率，激发消费者的购买欲望，进而形成连锁购买行为，实现利润创新的真正目的。例如：新产品在制定市场营销策略时，应注重创造消费者对产品的知觉，提高消费者对新产品的了解，并改变消费者对新产品的质疑、观望态度，以此加强消费者的购买信心。

在新产品市场营销策略的制定上，其营销策略的制定与一般市场策略不同，更加强调整体营销。其营销的整个动态过程，主要从新产品的市场调研开始。而在营销对象上也有着很大的区别，新产品的营销对象对位那些即将成为新产品早期采用者的潜在群体。因此，从营销动态与营销对象上来看，新产品市场营销策略不论是在采取的手段，还是制定的方法上，都具有很强的独特性与不可复制性，与一般性的产品市场策略有着很大的差别。

2.2.3.2 新品市场策略制定

（1）新产品市场介入初期的营销策略分析

在新产品的市场介入初期，消费者对新产品是一个辨认、识别和评价的过程，当消费者对新产品获得足够的信息评价时，就会决定采用或者拒绝新产品。由于消费者往往会有意无意之中把新产品与某种熟悉的产品放在一起进行相对比较、区分，形成自我认知概念，因此在新产品市场营销初期，企业可通过揭示新产品概念、含义来强化消费者对新产品的认识。此阶段，应多在广告、推销、分发样品、促销、分销以及人员推销上下功夫，缩短消费者对新产品的认知时间，加速消费者的购买行为，以刺激新产品在扩散过程中赢得更多顾客的青睐。

（2）新产品市场介入成长期的营销策略分析

当新产品步入市场成长期时，此阶段消费者已对新产品有了一定的了解和评价，因此，采取或拒绝新产品在此时会更加明显、快速。针对这一阶段的特点，企业营销人员应该进一步引导消费者将目光集中在新产品的实体上，强调新产品的特点与改变，在消费者心中进一步建立相对重要的地位，提高消费者对新产品特点的期望值。在确保新产品质量的前提下，继续采用广告、媒体、促销人员的宣传攻势，适当采用促销的手段，提高消费者对新产品的购买兴趣，进而促进消费者重复购买行为的形成，提高新产品的市场份额。同时，由于此时竞争者逐渐增多，除了在价格上采取一定的营销策略，加快对分销体系的推广与合作，扩大消费者接触、购买新产品的途径也尤为重要。

（3）新产品市场介入成熟期的营销策略分析

当新产品进入市场成熟期时，也是产品最具有利润潜力的时候，此时的新产品在市场份额与消费者偏好上占有一定比重，且相对稳定。而市场增长相对缓慢，表面上看通过竞争已达到均衡的状态，其实际潜在的竞争相当激烈。如何维系消费者对新产品的满意度与忠诚度，已经成为此这段新产品市场营销策略的重中之重。因此，企业营销部门可针对新产品在市场成熟期的热点，进一步强化与保持新产品在市场经济中的地位，不断提醒消费者购买新产品。例如：建立更为广泛的分销体系，更多地利用第三者的零售渠道来扩大新产品的消费者接触面；逐步降低新产品的促销预算，采用组合式的宣传方法；通过与消费者的沟通与交流，强调新产品与一般性产品的区别，应采取竞争性低价为主的价格营销策略。

（4）新产品市场介入衰退期的营销策略分析

无论新产品的市场策略如何完美也会有衰退的时候，主要表现为新产品所独有的创新性、唯一性消失殆尽，市场结构几乎饱和，市场上充斥着大量的同等产品。因此，企业营销部门针对此阶段的问题，应将市场营销策略重点放在如何降低营销成本、保存实力进行下一轮的产品创新上。例如：逐步淘汰不赢利的分销渠道；多采取削价策略，打折批销新产品，清仓甩卖；依靠顾客忠诚度保持边际利润与销量，以使新产品优雅地“死”去，并且通过避免过度的营销花费或者难以生存的低价使得新产品获利更多。

2.3 互联网营销渠道策划

2.3.1　新建渠道

2.3.1.1　互联网营销渠道的类型

（1）网络直接营销渠道

通过互联网实现从生产者到消费者（使用者）的网络直接营销渠道，目前比较常见的有两种：一种是企业自己建立网站，另一种是企业委托信息服务商在其网点上发布信息。网上直销与传统直接分销渠道一样，都是没有营销中间商。网上直销与传统直接分销渠道不同的是，生产企业可以通过建设网络营销站点，顾客可以直接从网站进行订货，通过与一些电子商务服务机构合作，可以通过网站直接提供支付结算功能。

（2）网络间接营销渠道

由于网络的信息资源丰富、信息处理速度快，基于网络的服务可以便于搜索产品，但在产品（信息、软件产品除外）实体分销方面却难以胜任。因此，出现了许多基于网络提供信息服务中介功能的新型网络中间商，也被称为电子中间商。

互联网环境下的新型网络中间商有以下10种类型：

①目录服务商：为用户提供网站分类并整理成目录的服务。

②搜索引擎服务商：为用户提供基于关键词的检索服务。

③虚拟商场：包含与两个以上的商业站点链接的网站。

④互联网内容供应商：向目标客户群提供所需信息的服务。

⑤网络零售商：在网上开设零售店，向消费者直销商品。

⑥虚拟评估机构：对网上商家进行评估的第三方机构。

⑦网络统计机构：为用户提供互联网统计数据的机构。

⑧网络金融机构：为网络交易提供金融服务的金融机构。

⑨虚拟集市：为想要进行物品交易的人提供的虚拟交易场所。

⑩智能代理：利用专门设计的软件，为消费者提供所需信息搜集过滤的服务。

（3）新媒体网络营销渠道

随着时代的发展，很多新奇的营销方式和平台应运而生，如微博、微信公众号、自媒体、社群、短视频、直播平台、QQ营销、邮件营销等，因此，可借助这些社交平台来实现营销转化。新媒体的特点就是贴近生活，易于操作，不需要太多的资金投入就能实现营销。

2.3.1.2 建设互联网营销渠道的注意事项

①从消费者角度设计渠道，只有采用消费者比较放心、容易接受的方式才有可能吸引消费者使用网上购物。

②设计订货系统时要简单明了，不要让消费者填写太多信息，可采用目前比较流行的“购物车”方式模拟超市，在购物结束后可一次性进行结算。

③在选择结算方式时，应考虑目前的实际发展状况，应尽量提供多种方式供消费者选择，同时还要考虑网上结算的安全性。

④建立完善的配送系统。消费者只有看到购买商品到家后，才真正感到踏实，因此建设快速有效的配送服务系统是非常重要的。

2.3.2 渠道合作

2.3.2.1 网络营销渠道合作的类型

网络营销渠道合作是指渠道成员通过不同程度的一体化经营系统相互合作形成的网络分销渠道。网络营销渠道合作有两种基本类型，即网络营销渠道间合作与网络营销渠道内合作。

（1）网络营销渠道间合作

网络营销渠道间合作是指网络直销和网络间接销售独立地承担其服务于营销的功能，各自独立形成销售通道实现产品销售，以提高网络销售覆盖率和增加产品销售量。网络营销渠道间合作的两种渠道之间是相对独立的。

网络渠道间合作的设计并不是基于整体市场进行的，它的分析基础是以各自具体的细分市场为基础进行的。在某一选定的细分市场上，首先要分析目标顾客购买准则，并与不同网络营销渠道的绩效做比较，选出所有与目标顾客购买准则相适应的渠道，然后再在这些渠道中进行渠道适应性分析，找出能够满足要求的渠道，最后还要对保留下来的渠道进行评估，只有满足经济性标准的渠道才能最终保留下来。

（2）网络营销渠道内合作

网络营销渠道内合作主要是指网络间接渠道内的合作，将营销过程中销售任务分配给较低成本下能较好完成该任务的中间商渠道，与制造商渠道组合起来形成最优销售通道，从而实现产品销售的目标。

网络营销渠道内合作一方面能大幅度降低销售成本，另一方面也能更有效地满足顾客需求。因此，网络营销渠道内合作设计的中心与关键在于分析出那些在较低成本下能较好完成销售任务的中间商渠道。

根据消费者购买决策过程，网络营销过程相应地可以分解为五个相互衔接的销售阶段：引发需求、收集信息、比较选择、购买决策和购后评价。

不同的网络营销渠道具有不同的销售成本和其他渠道特性，因此完全可以将各营销渠道与销售任务相结合，由不同的营销渠道完成不同的销售任务，以达到产品销售成本的最小化和最大限度地满足顾客需求。

2.3.2.2　网络营销渠道合作的形式

（1）垂直渠道系统

垂直渠道系统是由生产商、中间商纵向整合组成的统一系统。该渠道成员属于同一家公司，或将专卖特许权授予其他成员，或有足够的能力使其他成员合作，因而能控制渠道成员行为，消除某些冲突。

垂直渠道系统主要有3种形式：

①公司式，即由一家公司拥有和管理若干生产机构、中介机构或零售机构，控制渠道的若干层次，甚至整个分销渠道；

②契约式，即不同层次的独立制造商和中间商，以合同为基础建立联合渠道系统；

③管理式，即通过渠道中某个有实力的成员来协调整个渠道系统。

（2）水平渠道系统

水平渠道系统是指不同类型渠道的中间商之间横向联合，共同开拓新的网络营销机会的分销系统。它是以双方共享某种资源为基础的，可以弥补双方在资本、技术、营销等方面的不足。

（3）双渠道系统

双渠道系统是指企业同时使用网络直接销售渠道和网络间接销售渠道。在买方市场条件下，通过两条渠道销售产品比通过一条渠道更容易实现市场渗透。

2.3.3　渠道维护管理

设立营销渠道是赢得市场的基础，管理好营销渠道是赢得市场的关键。通过管理提高效率，是渠道维护管理的目标追求。

2.3.3.1　营销渠道维护管理及其意义

作为一项管理活动，营销渠道维护管理与其他活动并没有什么本质区别，它也是要通过协调与整合他人的工作活动，与他人合作，从而有效地完成渠道任务。不过，由于它除了要协调与整合企业内部人员的工作活动，还要协调与整合企业外部的工作活动，所以更为复杂，有着与一般管理活动不同的特点。

营销渠道维护管理是以营销渠道为对象的管理活动，是管理活动在营销渠道这个对象上的具体化。根据管理的定义，营销渠道维护管理可以理解为：为了实现营销目标，通过计划、组织、激励、控制等环节协调与整合营销渠道中所有参与者的活动过程。根据这一理解，营销渠道维护管理的内涵可以从以下4个方面来理解：

①管理的目的是为了使整个渠道的运行过程有更高的效率；

②管理的对象是营销渠道中所有的参与者，既有可能是企业内部的员工或外设机构，也可能是其他的企业或个人；

③管理的具体内容是营销渠道的各种功能流，包括实物、资金、信息、促销等；

④管理所采用的主要措施是计划、组织、激励和控制。

2.3.3.2 营销渠道维护管理的目标

营销渠道维护管理的目标是指在一定时期内通过有效的渠道管理所要达到的预期成果。营销渠道维护管理的目标主要表现为以下指标：

①市场占有率目标；

②利润额目标；

③销售增长额目标。

2.3.3.3 营销渠道维护管理的意义

营销渠道是否合理和畅通，关乎企业经营的成败，具有重要意义。如果由于维护管理不到位，致使企业的营销渠道不畅通，企业的产品就难以转化为货币，企业就会失去生存发展的源泉和动力。所以说，营销渠道维护管理是至关重要的。

2.3.3.4 营销渠道维护管理的具体措施

（1）对营销渠道进行绩效评估

营销渠道绩效评估是指厂商通过系统化的手段或措施对其营销渠道系统的效率和效果进行客观的考核和评价的活动过程。

①营销渠道绩效评估的内容。营销渠道绩效是一个多维和纵深的结构，既包括宏观方面的绩效，也包括微观方面的绩效；既包括渠道系统的绩效，也包括单个层级渠道成员的绩效。从宏观方面来说，渠道绩效是指渠道系统表现出来的对社会的贡献，是站在整个社会的高度来考察的。从微观方面来说，渠道绩效是指渠道系统或渠道成员对厂商所创造的价值或服务增值，是从厂商自身的角度来考察的。

②渠道绩效评估的财务指标。渠道绩效评估可以通过多种指标表达出来。在营销实践中，常用的财务指标包括以下几种：

A. 渠道成本；

B. 销售利润率；

C. 资产收益率；

D. 净资产收益率；

E. 资产周转率；

F. 渠道成本与销售额的比率。

（2）对营销渠道进行激励

渠道激励是指对渠道成员进行激励，从而调动渠道成员销售产品的积极性。生产者不仅要选择中间商，而且还要经常激励中间商使之尽职。生产者不仅利用中间商销售商品，而且把商品销售给中间商。这就使得激励中间商这一工作不仅十分必要而且比较复杂。

①激励渠道成员的主要原则：

A．全面性原则；
B．长期性原则；
C．客观性原则；
D．模糊性原则；
E．多样性原则。
②激励渠道成员的主要方法：
A．品牌及产品激励；
B．物质激励；
C．加强渠道成员的参与；
D．帮助渠道成员共同成长。

2.4 互联网营销市场推广策划

2.4.1 成交促进策划

（1）用户需求优先

对于企业的网络营销而言，谁能给用户提供更好的服务和用户体验，被选择和关注的可能性就越大。这就要求企业以用户需求为首要目标，在设计产品或提供服务时，从用户角度出发，根据他们的问题和痛点找出具有针对性且可行的解决方案，让用户看到通过企业的服务和产品是真正可以解决他们的问题的。

（2）了解用户＋多渠道联动

很多企业在做网络营销时都会遇到这样的困境：钱花出去了，带来的流量却不能成交转化。这时候就需要思考了，花钱带来的流量真的是目标用户吗？

选择什么样的方式做网络营销去赢得精准流量尤为重要。不难理解的是，想要获得精准流量，企业做的内容首先必须是目标用户感兴趣的，然后再通过多渠道同时进行，才能更好地促进目标流量的成交转化。

比如，通过自媒体平台长期稳定的运营来维护精准用户，再通过社群运营提高用户的互动性和参与感，促进有成交意向的用户达成合作等。单一渠道花的钱虽少，但是效果和覆盖范围远不及多渠道联动，选择后者可以带来更多精准流量的成交。

（3）以自身特色吸引用户

无论是传统企业还是新兴企业，做好产品和服务才是做好网络营销时赢得用户的关键所在。因此，在网络营销中，企业必须要把自己的产品特色和优质服务凸显出来，如产品的核心卖点、完善的服务体系等，只有真正落实到用户切实相关的产品和服务上，才能赢得用户长期、稳定的关注。

（4）做好服务

当目标用户成为企业的精准流量之后，他们有问题需要咨询却找不到相关人员去解决时，用户好感度会瞬间降低。此时如果有个专业的客服，情况可能就大不相同了。当客户提问时，客服能够进行专业、迅速的解答，同时还能有效配合相关部门，及时对用户和企业进行有效反馈。

在当下这个时代，企业想要赢得用户的信任，做好产品和服务是关键，借助合适的网络营销手段则是锦上添花。只有持之以恒，找对方法，这样才能有效提高订单成交率。

2.4.2 媒体关系维护管理

（1）媒体关系维护管理5大原则

①要对媒体进行分级维护，对待不同类型的媒体，要根据媒体属性、利害关系和双方的需求采用不同的沟通方式，只有这样才能达到事半功倍的效果。

②媒体关系维护要做到从上到下一条线，从点到面全方位。既要和媒体高层保持对接沟通，又要和媒体记者保持良好关系。在负面处理上，应做到从下向上处理，降低处理成本。

③对于没有合作价值的媒体，要坚决给予回绝，维护自身的合法权益。具体方法包括：通过主流媒体制约小的媒体；通过媒体关系，协调沟通；通过相关政府监管部门协调；据理力争，采取非常手段。

④媒体关系维护要注重平衡，媒体是一个圈子，一个城市的媒体往往错综复杂，要广泛听取媒体内部声音，了解媒体间的竞争和合作关系。要善于发现哪些媒体是可以合作的，哪些媒体是不需要合作的。

⑤能够在最短的时间和最小的范围内，以相对经济的投入化解危机。能够在解决危机的同时，敏锐抓住、利用和放大危机可能带来的转机，为企业及品牌的后续成长服务，即可以称为成功的危机公关。比较成功的危机公关是能够在危机尚未出现时就将危机及时解决。

（2）媒体关系维护管理5大忌

①只利用，不维护：只是眼前遇到问题、为了眼前的利益才去公关，一旦达到了目的，就忘记了对方，这是一种比较目光短浅的公关。

②临时抱佛脚：平时不与媒体接触联系，一旦遇到问题或为了得到利益，立刻去公关。临时抱佛脚是对他人的不尊重。

③忌讳实用主义：媒体对自身有用时就拉关系，媒体对自身没用时就不理不睬。虽然媒体关系的动机是实用的，目的也是实用的，但不能采取实用主义的态度，应避免实用主义。

④忌讳招之即来，挥之即去。这种做法对待媒体是不成熟的、不理性的、不长久的、不牢靠的公关手段。

⑤切忌用甲方乙方的关系来对待媒体关系：媒体关系要从“理、情、利”三个维度对接，既要有理有节，又要讲情讲利。

2.4.3 关注市场动态

关注市场动态是指某行业/领域的市场状况，主要包括该行业产品的市场供求情况、价格情况、国家法律、法规的调整对该市场的影响、大领域（如国际市场）对国内该行业的影响、原材料供求对成本以及价格的影响、竞争对手的经营以及市场行为、市场动态对企业的影响，市场动态分析是企业短期决策的基础依据，企业为了能够充分适应市场，应当充分了解市场动态，做好市场动态分析和调查报告，及时制定生产、销售策略，提升企业竞争能力。

关注市场动态的具体方法主要包括以下几种。

（1）阅读行业研究和趋势报告

在网上搜索行业相关的研究报告，很多第三方调研机构会公布他们的调研成果。有些报告可能没能直接展示企业想要的数据，但广泛地阅读行业研究报告可以帮助企业了解行业的发展方向。还可以通过阅读关于目标用户的行为调研白皮书来加深对市场用户的了解。

（2）关注行业资讯和意见领袖

由于时间有限，可能无法仔细阅读所有长篇大论的行业研究报告，但可以通过社交媒体去关注一些行业内的意见领袖，或者关注一些专业的媒体来获取行业内的新观点和动态。

（3）利用不同工具确定市场趋势

使用不同的工具对市场趋势加以确认非常重要，因为这些工具提供了很多有价值的信息，帮助企业更全面、更真实地了解市场情况。比如百度指数可以让企业了解消费者的搜索趋势，企业可以通过持续跟踪目标用户搜索的关键字来了解他们的行为偏好，以获得对用户的深度认知。

（4）持续与目标用户进行沟通

多倾听用户的需求，多了解他们的行为习惯，找到能为用户提供最佳服务的方法，并询问他们对未来几年的看法和在解决问题的过程中他们需要什么，让产品和用户一起成长，持续为用户服务。

第 3 章

互联网营销客户管理

知识目标

1. 理解服务质量评估体系构建原则；
2. 熟悉服务质量评估体系构建步骤、信用管理目标制定、信用政策、互联网营销管理制度；
3. 掌握提高服务质量的对策、追销方式、客户关系管理方案设计。

技能目标

1. 运用客户服务管理及客户信用管理相关知识提供给客户更加优质的服务；
2. 掌握追销方式及方案设计、互联网营销管理制度，帮助自己及团队合法高效地营销。

职业素养

1. 拥有恪尽职守、诚实守信、廉洁奉公的职业道德；
2. 具备吃苦耐劳、开拓进取、精益求精的职业精神。

3.1 客户服务管理

客户服务管理是指企业为了建立、维护并发展顾客关系而进行的各项服务工作的总称，其目标是建立并提高顾客的满意度和忠诚度、最大限度地开发利用顾客。主要是针对企业单位开发新客户及维护老客户形成的一个对客户的联系、服务、售后，形成定期的管理记录档案。

3.1.1　评估服务质量

评估服务质量是指根据某类标准和某种规则、采用规定的工具和方法，对服务质量优劣进行客观评价和衡量的活动过程。服务质量涉及一系列要素，这些要素具有相互作用和相互依赖关系，共同构成服务质量整体，由于不同企业的性质、规模、结构等存在差异，构成企业的资源、岗位设置、作业流程、绩效管理等各种要素，都会影响服务质量及其评估结果，因此，需要构建服务质量评估体系。

3.1.1.1　服务质量评估体系构建原则

（1）科学性与实用性一致

科学性是指评估目标、内容和方法既要建立在充分认识和系统研究的科学基础上，能够客观反映服务质量的实际现状，又要在具体实施过程中能够便于操作、简单明了、资料可靠、容易理解等。

（2）系统性和层次性一致

服务质量涉及不同层次、不同性质的要素，包括人、组织、各自行为、相互关系等，服务质量评估必须进行系统性分析和层次性考察。可根据系统结构分出层次，使评估体系结构清楚、使用方便，有效实现系统性和层次性一致。

（3）全面性和代表性一致

服务质量要素具有多元化特征，为了能够客观、有效地评估服务企业的服务质量状况，通常遵循全面性原则，对构成的多要素进行综合评价。实际操作过程中，由于服务供求存在差异，为了能够及时反映局部服务质量状况，需要对代表性或典型性服务质量进行评估，力求全面性和代表性保持一致。

（4）动态性和静态性一致

服务供求具有动态发展特征，服务质量既是目标也是过程，因此服务质量评估体系必须兼顾动态变化的特点，在一定时期以内，服务质量指标及其评估内容不宜频繁地变动，应保持其相对稳定性，力求实现动态性和静态性一致。

3.1.1.2 服务质量评估体系构建步骤

（1）清晰界定服务对象和评估目标

评估服务质量不仅需要兼顾服务对象需求、欲望和能力，还应结合上述服务质量评估体系的内涵、特征、要求，有的放矢地选择构建要素，并正确设置相关评估目标。通常，必须清晰界定服务对象和评估目标要求，重点评估客户满意度、忠诚度及其提升能力，以灵活弹性的运行机制为监管重点，不断提高整体服务质量。

（2）基于服务链特征设计评估指标

服务质量评估体系中进行指标设计时，应兼顾服务链特征，按照科学理论对服务产生、维系、实现、改进、提高的全过程进行研判。从某种程度上说，服务链特征是服务质量评估体系设计的基础，通过建立服务质量评估体系全过程描述，可及时了解和掌握服务产品开发、生产、消费等全程情况，从而可全面、客观、正确、真实地反映服务质量。

（3）整体框架力求符合相关法律法规及标准要求

服务质量评估体系的内涵涉及资源优化配置及有效利用，力求实现社会、经济和个人三方利益的融合统一。设计总体框架、创建和选择相关要素时，不仅要兼顾经营业务和服务对象的要求，而且必须符合相关法律法规以及规范化管理标准的要求。

3.1.2 提高服务质量

互联网营销相对于传统的营销方式而言，是一种全新的理念和营销方式，企业要获得成功，一定要做好互联网营销服务，要及时与顾客沟通，重视顾客的需求差异，强化服务理念，加强对员工的培训，提高员工素质和服务的质量，以提升顾客信任度和满意度，提升企业的竞争优势。

3.1.2.1 互联网营销服务的现状

市场经济条件下，顾客对服务的要求越来越高，对互联网营销服务的要求也是如此。但是就目前来看，互联网营销服务在很多方面还做得不到位，距离顾客对服务的期望差得很远，主要的问题包括以下几个方面。

（1）不能很好地保护个人隐私

互联网上存在一些信息泄密现象，尤其是互联网购物时，经常出现个人隐私被侵犯，造成个人经济等方面的损失。还有一些企业利用个人信息开展各种营销活动，甚至还会有不良企业贩卖个人信息以获取利益。这些现象使顾客在互联网消费时会有很多顾虑，必须加以重视。

（2）顾客对互联网营销服务的信任度低

互联网经济时代，在电子商务逐渐走向成熟的发展过程中，顾客对互联网交易的信任度和对交易产品的质量、售后等问题有越来越多的要求，但这些方面存在很多的问题。特别是顾客通过互联网购买产品时，对商家提供的产品基本信息、产品的售后服务、产品的质量、购买后是否能如期拿到产品等方面存在疑虑。

（3）顾客对在线客服的满意度低

互联网营销人员主要是在线客服，在线客服需要及时解答顾客的询问。但现实中，经常会出现一些在线客服对顾客的态度不佳，对顾客提出的询问回复过慢甚至不予回复，对顾客提出的要求做出承诺但却没有实现等问题。因此，很多顾客在进行互联网交易时对在线客服的服务存在不满。

3.1.2.2　提高服务质量的对策

现实中互联网营销服务还存在很多问题，针对这些问题，企业应从以下几个方面进行改进，切实以顾客为中心，满足顾客需求，更好地提高互联网营销服务的质量。

（1）保护好顾客的个人隐私

互联网空间的个人信息隐私权主要是指“公民在互联网中享有的私人生活安宁与私人信息依法受到保护，不被他人非法侵犯、知悉、搜集、复制、公开和利用的一种人格权，也指禁止在网上泄露某些与个人有关的敏感信息，包括事实、图像以及毁损的意见等”。互联网隐私包含的主要内容为：个人数据、私人信息、个人领域。

因此，对于企业来说，进行互联网交易时要在这些方面加以注意：要能够保护好顾客的数据和信息，及时阻止未被授权的非法访问；要让顾客知道自己提交的信息用于何处，会被如何分享，保证顾客的知情权；对顾客信息若有不合理的使用，顾客有拒绝权；要保证顾客可以随时修改或删除自己的数据信息等。

（2）提供更好的互联网营销服务以提升顾客信任度

企业应提供更加全方位的互联网营销服务，更好地满足顾客需求，提升顾客对互联网营销服务的信任度。具体可以从以下几个方面着手：首先，商家要保证对产品信息和质量描述的准确性、真实性。网上销售产品的商家，在互联网上提供的信息应是准确并符合实际的，对产品的描述和图片都应是根据实物的，这样才能保证顾客购买时不被误导，增加顾客对产品的信任。其次，保证产品的售后服务。商家也要能够保证网上销售的产品和其他方式销售的产品一样可以让顾客在收到货后一定期限内退换商品，为顾客提供最大方便。这样的行为，可以增加顾客网上购物的信心。另外，商家还可以提供连续跟踪服务，加强沟通，售出产品后可让顾客评价产品，以及时了解顾客的意见，这是互联网购物具有的得天独厚的条件，这样可以随时解答顾客的疑问，也能够根据顾客的反应及时改进和提升自己的服务。再次，保证物流。网上购物和在实体店中购物不同，顾客付款后要通过物流才能拿到产品，产品在物流过程中可能存在是否及时收到、是否有损坏等问题，所以，商家应和物流公司做好合作，保证产品能在顾客购买产品付款后几天内安全无损坏地送达。最后，保证顾客交易时付款的安全性。安全性也是很多顾客在网上购物时所担心的，这就要求企业设置安全的交易平台，保证顾客在付款时个人信息不被泄露，保证顾客的钱不被窃取，这样才能更好地提高顾客对互联网购物的信任。

（3）加强对在线客服的培训以提高顾客满意度

对于做互联网营销的企业，在线客服都是必不可少的人员，这部分人员直接代表了企业的形象，他们态度的好坏直接关系到互联网营销服务的好坏，关系到顾客对企业是否满意。因此，企业要加强对在线客服的培训，提高在线客服的素质水平，保证顾客对产品提出任何疑问时在线客服都能够及时、友好地回答，来增强顾客对产品甚至是对企业的满意度。同时，企业也应该给在线客服一定的权限，让他们可以在面对顾客对产品价格、物流以及售后服务等方面提出要求时灵活处理，这也能够提高顾客的满意度。

3.2 客户信用管理

在充分了解客户的基本信息、动态反映客户状况及其行为价值的同时，还需要进行客户信用分析。客户信用直接关系到推销产品后销售货款回收的数额与速度，影响到企业财务风险的大小，实际也是衡量推销是否成功的标准。因此，客户信用管理显得至关重要。

3.2.1 确定信用管理目标

企业的最终目标是追求企业价值最大化，从而让投资者的投资利益最大化。因此，企业信用管理的目标也必须服从这一宗旨，它是从企业经营风险的角度，专注于保护企业在债务方面的投资，最终达到企业经营现金流量最大化。在实际的企业管理中，信用管理功能基本上围绕赊销工作而展开，其核心目的是为了做好赊销工作，控制赊销风险。具体来讲，信用管理目标应该包括以下几个方面。

（1）降低赊销风险，减少坏账损失

如果说企业销售部门追求销售额的最大化，财务部门关注资金回笼的最大化，那么信用管理部门则需要在两者之间找到平衡点，以实现企业利润的最大化。信用管理要预计赊销的风险，控制信用的额度与方式，跟踪信用的执行情况，评价客户的信用状况，将企业应收账款控制在合理的持有水平。

（2）降低销售变现天数，加快流动资金周转

销售变现天数（Days Sales Outstanding，DSO）是企业衡量赊销工作最重要的标志。DSO 指标表现了企业的平均收账期，即把赊销收入转化为现金所需的时间，是企业衡量应收账款资金的占用的指标。关注该指标有助于减少利息成本，以加快流动资金的周转速度。

3.2.2 制定信用政策

信用政策，是指企业为对应收账款进行规划与控制而确立的基本原则性行为规范，是企业财务政策的一个重要组成部分。

信用政策主要包括信用标准、现金折扣、信用期间三部分内容，主要作用是调节企业应收账款的水平和质量。

3.2.2.1 信用标准

信用标准是指顾客获得企业的交易信用所应具备的条件。如果顾客达不到信用标准，便不能享受企业的信用或只能享受较低的信用优惠。

（1）信用分析

企业在设定某一顾客的信用标准时，往往先要评估其赖账的可能性，这可以通过“五C”系统来进行。

“五C”系统是评估顾客信用品质的五个方面，即：信誉（Character）、能力（Capacity）、资本（Capital）、抵押（Collateral）、条件（Condition）。

（2）信息来源

信用的“五C”系统代表了信用风险的判断因素，要做到客观、准确地判断，关键在于能否及时掌握客户的各种信用资料。这些资料的来源主要有以下几个渠道：

①财务报表，即企业对预期的“准信用”客户索取或查询近期的资产负债表和利润表等报表。这些资料是企业进行分析评估的最重要信息，企业可据此对赊销对象的资产流动性、支付能力以及经营业绩诸方面进行详尽分析并做出判断。

②银行证明，即应客户要求，由客户的开户银行出具一些有关其信用状况的证明材料，如客户在银行的平均现金余额、贷款的历史信用信息等。

③企业间证明。一般而言，企业的每一客户对外会同时拥有许多供货单位，所以企业可以通过与同一客户有关的各供货企业交换信用资料，比如交易往来的持续时间、提供信用的条件、数额以及客户支付货款的及时程度等证明。这些供货单位出具的书面证明，再加上必要的调查了解，可为企业对客户信用状况做出评价奠定良好的基础。

④信用评级和信用报告。公司可以从各种商业信用评级机构获取企业的信用评级资料。

（3）标准制定

在收集、整理客户的信用资料后，即可采用“五C”系统分析客户的信用程度。为避免

信用评价人员的主观性，在对客户信用状况进行定性分析的基础上，还有必要对客户的信用风险进行定量分析。具体可以采用多项判断法，其具体步骤有：

①设立信用标准。首先查阅客户以前若干年的信用资料，找出具有代表性、能说明偿债能力和财务状况的比率，作为评判信用风险的指标，然后根据最近几年内“信用好”和“信用差”两个客户相同比率的平均值，作为评价该客户的信用标准。

②计算客户的风险系数。利用各客户的财务报表计算这些指标，并与标准值进行比较。其方法是：若某客户的某项指标等于或低于最坏信用标准，则该客户的风险系数增加10%；若某客户的某项指标介于好的信用标准与差的信用标准之间，则该客户的风险系数增加5%；若某客户的某项指标等于或高于好的信用标准，则该客户的风险系数为0，即无信用风险。各项指标比较后，即可累计客户的风险系数。

③风险排序。企业按上述方法分别计算出各客户的累计风险系数，然后可按风险系数的大小进行排序：系数小的排在前面，系数大的排在后面，由此便可根据风险程度由小到大选择客户。

3.2.2.2 现金折扣政策

现金折扣是企业对顾客在商品价格上所做的扣减。向顾客提供这种价格上的优惠，主要目的在于吸引顾客为享受优惠而提前付款，缩短企业的平均收款期。另外，现金折扣也能招揽一些视折扣为减价出售的顾客前来购货，借此扩大销售额。

现金折扣的表示常采用如“5/10，3/20，n/30”的形式，“5/10”表示10天内付款，可享受5%的价格优惠，即只需支付原价的95%。例如，原价为10000元，只需支付9500元。“3/20”表示10~20天内付款，可享受3%的价格优惠，即只需支付原价的97%。例如，原价为10000元，只需支付9700元。“n/30”表示付款的最后期限为30天，此时付款无优惠，即按全价付款。企业采用什么程度的现金折扣，要与信用期间结合起来考虑。不论是信用期间还是现金折扣，都能给企业带来收益，但也会增加成本。当企业给予顾客某种现金折扣时，应当考虑折扣所能带来的收益与成本孰高孰低，权衡利弊，择优决断。

3.2.2.3 信用期间

信用期间是企业允许顾客从购货到付款之间的时间，或者说是企业给予顾客的付款期间。例如，某企业允许顾客在购货后的50天内付款，则信用期间为50天。信用期过短，不足以吸引顾客，在竞争中会使销售额下降；信用期放长，对销售额增加固然有利，但只顾及销售额增长而盲目放宽信用期，所得的收益有时会被增长的费用抵销，甚至造成利润减少。因此，企业必须慎重研究，规定出恰当的信用期。信用期的确定，主要是分析改变现行信用期对收入和成本的影响。延长信用期，会使销售额增加，产生有利影响；与此同时应收账款的机会成本、管理成本和坏账损失增加，产生不利影响。当前者大于后者时，可以延长信用期，否则不宜延长。如果缩短信用期，则情况与此相反。

3.3 客户关系管理

客户关系管理是指企业为提高核心竞争力，利用相应的信息技术以及互联网技术协调企业与顾客间在销售、营销和服务上的交互，从而提升其管理方式，向客户提供创新式的个性化的客户交互和服务的过程。其最终目标是吸引新客户、保留老客户以及将已有客户转为忠实客户，增加市场。

3.3.1　建立客户数据库

（1）建立客户信息档案

在收集信息工作完毕后，就需要建立客户信息档案。客户信息的质量决定着客户关系管理的质量，建立高质量的信息档案是客户关系管理的基础。

在企业实际的经营过程中，建立客户信息档案前通常会先将客户进行分类，分类的依据也可以多元化，比如产品类别、地域、性别、年龄、消费金额、消费频次等。这么做有两个主要的目的：一是通过消费者分析，更好地调整销售策略；二是客户的分级管理，以客户价值为主要维度建立客户金字塔，客户价值提升对应的级别也提升，对金字塔不同级别的客户分别制定服务策略，让客户对企业的发展产生更大的价值。

（2）客户信息数据电子化

不管是传统企业还是电商企业，信息化建设都非常重要，其中最重要的就是将客户档案电子化。企业所有的服务活动都应围绕客户展开，并将过程中产生的数据累积为有价值的客户信息，处理好与客户之间的关系，形成一个全方位、多角度的客户关系管理体系，达成一个高效的闭环，那么良好的客户关系管理就会带来以下价值体现：

①增强客户满意度与忠诚度，客户会对企业保有一种忠诚度，并且进行二次消费。

②能够提高企业核心竞争力，达成竞争制胜，老客户带来新客户，客户资源不断扩大、巩固。

③能够更加了解客户需求，提升企业创新水平，根据客户需求不断对产品及服务进行改进。

通过对信息的积累、分析、加工，最终使该系统成为客户分类、客户分析及产品营销的有效平台之一。客户信息档案系统的建立与完善并不是一个客服部门能支撑的，还需要销售、市场、品牌、技术等全方位进行建设与维护。

建立客户信息档案系统的过程与步骤如图3-1所示。

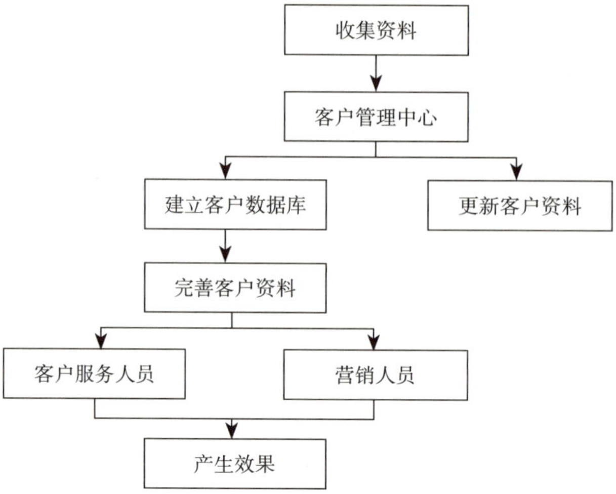

图3–1　建立客户信息档案系统的过程与步骤

3.3.2　追销方式及方案设计

3.3.2.1　追销方式

首次成交之后也并不意味着已经完全获得客户信任。因此，成交之后，还要追销。追销是推广产品、增加客户信任的机会，同时也是重复创造利润的机会。那么，哪些追销方式可以快速增加利润？追销方式主要有以下几种。

（1）增量追销

客户下决心做出购买决策是个漫长的过程，但是当客户决定掏钱的时候，可以争取让他的决定变得更好。增量追销的“量”有两种含义：其一是提高客户购买的金额，其二是增加客户的购买数量。

（2）减量追销

怎样减量追销？以“抓潜”测试为例。一种方法是做一个广告，内容是免费送一个价值非常高的演讲，当然客户需要把地址留下。另一种方法是印一些传单，告诉客户付1元钱就可以听演讲，而这个演讲至少价值20元。

（3）组合追销

很多人都想让产品利润最大化，但从营销活动整体来看，整个营销过程中能获得真正的利润是多少呢？可以通过把不同的产品组合后进行追销来增加利润，即使这个产品没有赚到利润也可以在它的“搭档”上找回来。

（4）递进追销

100元的产品，客户很容易就会做出购买决定，但是1000元的产品，要客户做出购买决定就不那么容易了。可以设置适合客户购买水平的台阶让客户“逐步爬梯”。

3.3.2.2　客户关系管理方案设计

（1）客户关系管理解决方案内容

客户关系管理解决方案是为期望用信息系统，对客户资源进行有效管理，能够进行商机的有效挖掘，同时希望提升客户服务水平，以扩大市场占有率的企业而设计的。

以客户为中心，把科学的管理与信息技术结合起来，实现市场、销售、服务协同工作统一管理。帮助企业规范业务流程、提高客户挖掘能力和客户服务质量、有效管理客户资源、提高销售成功率，以达到全面提升企业核心竞争力的目的。

（2）客户关系管理解决方案客户需求

企业的管理困惑是：客户范围广，客户选择产品的随机性较高，市场竞争激烈，无法有效挖掘并培养高质量客户群；售后服务水平跟踪的提升，也会影响到企业的市场份额。这类企业希望通过信息系统，有效管理客户资源和商机，提高赢单机率；有效管理售后服务，提高服务质量和效率，提高客户满意度和忠诚度。

（3）客户关系管理解决方案业务流程平台

客户关系管理解决方案业务流程平台包括：

①客户中心：与客户沟通交流的平台。当客户打电话过来的时候，电脑会自动弹出该客户的详细信息及业务来信记录，同时会记录所有电话的来电时间，方便管理者做业务分析时作出决策。来电做到未接先知，为企业提高工作效率的同时也提升企业的服务质量和企业的形象，对客户信息进行全面的管理。

②客户管理：实现无纸办公，可将零散的客户进行集中管理，长期保存，查找方便支持精确和模糊查找。让工作更轻松，不会漏掉任何一个重要客户的跟踪，客户的生日提醒会提前知道客户的生日，定时发送短信给客户一个意外的惊喜，加强客情服务。电话回访提醒，设定客户电话回访时间，系统自动提醒。保留电话回访记录，方便客户跟踪。

③信息平台：群发信息功能，信息用于加强与客户之间的沟通与互动，同时也是最省钱的一个营销工具。可定时发送信息，单个发或群发。接收信息的功能可以快速地处理客户资料。

④服务知识库：帮助用户规范地回答客户的问题，让客户觉得这是一个专业的客服，提升企业在客户心中的形象。在处理过程中，可以将典型案例添加到知识库中；也可以在处理过程中实时查询相关主题，找到某些问题的处理方法，提升处理效率。

（4）客户关系管理解决方案业务价值

客户关系管理解决方案业务价值包括以下几个方面：

①提供透明化的客户信息及经济往来资料，帮助企业全面管理客户。

②提供商机全过程执行跟踪，形成体系化的销售方法，提高商机赢单率。

③对销售任务的阶段进行有效划分；实时掌握销售任务的进展情况；对项目的销售预期

进行动态评估；有助于灵活制定客户资源计划及营销策略。

④挖掘客户潜力；加强客户的价值管理；有助于企业将新客户纳入“金字塔”，将“金字塔”中的客户升级，提升企业利润。

⑤提供完整的服务处理记录，形成服务管理库，加强对企业服务的监管；规范服务管理，提高服务响应速度，提升服务水平；提高客户满意度。

3.3.3 互联网营销管理制度

为了规范互联网营销环境，国家互联网信息办公室联合多个部门颁布了相关的管理制度，以下为节选部分：

第1条　为规范网络商品交易及有关服务，保护消费者和经营者的合法权益，促进网络经济持续健康发展，依据《消费者权益保护法》《产品质量法》《反不正当竞争法》《合同法》《商标法》《广告法》《侵权责任法》和《电子签名法》等法律、法规，制定本办法。

第7条　从事网络商品交易及有关服务的经营者，应当依法办理工商登记。

从事网络商品交易的自然人，应当通过第三方交易平台开展经营活动，并向第三方交易平台提交其姓名、地址、有效身份证明、有效联系方式等真实身份信息。具备登记注册条件的，依法办理工商登记。

第9条　网上交易的商品或者服务应当符合法律、法规、规章的规定。法律、法规禁止交易的商品或者服务，经营者不得在网上进行交易。

第10条　网络商品经营者向消费者销售商品或者提供服务，应当遵守《消费者权益保护法》和《产品质量法》等法律、法规、规章的规定，不得损害消费者合法权益。

第11条　网络商品经营者向消费者销售商品或者提供服务，应当向消费者提供经营地址、联系方式、商品或者服务的数量和质量、价款或者费用、履行期限和方式、支付形式、退换货方式、安全注意事项和风险警示、售后服务、民事责任等信息，采取安全保障措施确保交易安全可靠，并按照承诺提供商品或者服务。

第12条　网络商品经营者销售商品或者提供服务，应当保证商品或者服务的完整性，不得将商品或者服务不合理拆分出售，不得确定最低消费标准或者另行收取不合理的费用。

第13条　网络商品经营者销售商品或者提供服务，应当按照国家有关规定或者商业惯例向消费者出具发票等购货凭证或者服务单据；征得消费者同意的，可以以电子化形式出具。电子化的购货凭证或者服务单据，可以作为处理消费投诉的依据。

消费者索要发票等购货凭证或者服务单据的，网络商品经营者必须出具。

第14条　网络商品经营者、有关服务经营者提供的商品或者服务信息应当真实准确，不得作虚假宣传和虚假表示。

第15条　网络商品经营者、有关服务经营者销售商品或者提供服务，应当遵守《商标法》《企业名称登记管理规定》等法律、法规、规章的规定，不得侵犯他人的注册商标专用权、企业名称权等权利。

第20条　网络商品经营者、有关服务经营者不得对竞争对手的网站或者网页进行非法技术攻击，造成竞争对手无法正常经营。

第21条　网络商品经营者、有关服务经营者应当按照国家工商行政管理总局的规定向所在地工商行政管理部门报送经营统计资料。

第22条　第三方交易平台经营者应当是经工商行政管理部门登记注册并领取营业执照的企业法人。

条款所称第三方交易平台，是指在网络商品交易活动中为交易双方或者多方提供网页空间、虚拟经营场所、交易规则、交易撮合、信息发布等服务，供交易双方或者多方独立开展交易活动的信息网络系统。

第23条　第三方交易平台经营者应当对申请进入平台销售商品或者提供服务的法人、其他经济组织或者个体工商户的经营主体身份进行审查和登记，建立登记档案并定期核实更新，在其从事经营活动的主页面醒目位置公开营业执照登载的信息或者其营业执照的电子链接标识。

第三方交易平台经营者应当对尚不具备工商登记注册条件、申请进入平台销售商品或者提供服务的自然人的真实身份信息进行审查和登记，建立登记档案并定期核实更新，核发证明个人身份信息真实合法的标记，加载在其从事经营活动的主页面醒目位置。

第三方交易平台经营者在审查和登记时，应当使对方知悉并同意登记协议，提请对方注意义务和责任条款。

第31条　第三方交易平台经营者拟终止提供第三方交易平台服务的，应当至少提前三个月在其网站主页面醒目位置予以公示并通知相关经营者和消费者，采取必要措施保障相关经营者和消费者的合法权益。

第32条　鼓励第三方交易平台经营者为交易当事人提供公平、公正的信用评价服务，对经营者的信用情况客观、公正地进行采集与记录，建立信用评价体系、信用披露制度以警示交易风险。

第36条　为网络商品交易提供信用评价服务的有关服务经营者，应当通过合法途径采集信用信息，坚持中立、公正、客观原则，不得任意调整用户的信用级别或者相关信息，不得将收集的信用信息用于任何非法用途。

第38条　为网络商品交易提供网络接入、支付结算、物流、快递等服务的有关服务经营者，应当积极协助工商行政管理部门查处网络商品交易相关违法行为，提供涉嫌违法经营的网络商品经营者的登记信息、联系方式、地址等相关数据资料，不得隐瞒真实情况。

除了以上这些制度外，每个企业还要根据自身情况建立内部的管理制度，具体包括客户管理制度，岗位职责、人员考核、奖惩制度等。

第 4 章

内容制作基础知识

知识目标

1. 理解光的基本特征、剪辑的理论法则、剪辑的时机与动因；
2. 熟悉手机拍摄取景的手法和组合构图、光在摄影中的作用；
3. 掌握运镜拍摄的方法、摄影用光技巧、剧本写作的故事设计和对白设计。

技能目标

1. 运用手机摄影的取景构图、光线技巧、运镜方法以及视频剪辑的理论法则的相关知识进行拍摄与剪辑的实操；
2. 掌握剧本写作的故事设计和对白设计的相关技巧，具备独立搭建剧本框架的能力。

职业素养

1. 严格遵守法律法规，严控质量；
2. 树立实事求是、坚守原则的信念。

4.1 手机拍摄

手机作为一种通信交流的工具，已经在人们的生活中不可或缺，人们越来越依赖手机。现在的手机像素越来越高，人们很在意自己在网上的形象，而手机自带美颜功能，相机是不具备的，所以本章在讲解内容制作时主要以手机拍摄为主。

4.1.1 取景手法与组合构图

（1）拍摄距离

拍摄距离的改变能引起主体与环境关系的变化，对被摄景物的表现有着重大的影响。随着拍摄距离的改变，能形成各种不同的景别。不同的景别不仅说明了取景范围的大小，而且表现出主体与背景及其他陪体之间关系的改变。摄影的景别主要分为远景、全景、中景、近景和特写。

①远景：拍摄到的最大的场面，拍摄距离最远。

摄影图片表现的远景，常常是自然景物或者较大的场面及人文景观。表现的重点是场面的浩大，视野的开阔。远景画面中没有明显的主体和陪体的区别，表现的是一种总体的效果。

②全景：全景的拍摄范围比远景小，从拍摄距离上来说，距离被摄景物近了。在人物摄影中，表现的是人物的全身，也是为了对人物有一个全面的整体印象。

全景用于描写事物的全貌，让人产生一种对景物的全面印象，被表现的景物充满画面。

全景可表现被摄主体的全貌及所处的环境的主要特征。全景比远景更具有明显的主体性。主体在画面中完整而突出，构图丰满而充实。同时，全景并不放弃对于环境的表现，通常通过环境气氛来烘托主体对象。总的来说，全景照片既要突出主体，又要处理好主体与环境之间的关系，使其融为一体，相互映照。

③中景：以人物为例，中景拍摄的是人的半身。中景侧重表现的重点是主体本身，也可以在一定意义上说明主体与环境的关系。

第一，为了说明主体的情绪变化等典型瞬间，表现人与人、人与物之间的相互关系时多用中景。

第二，应注意将主体和陪体放在画面不同的部位，使主体和陪体错开，避免喧宾夺主。

④近景：近景表现的是主体本身，让人对主体产生强烈的印象。以人物为例，近景拍摄的是人物的面部和头部。这样的画面为了用来介绍人物的表情和心理活动，刻画人物性格，表现人物的内心世界，揭示人物的思想感情。

⑤特写：以人物为例，特写表现的是人的肢体或者局部，例如眼睛、手势等。

特写注重表现的是景物的局部和细节，用以细致描绘、刻画被摄对象，从细微处揭示事物的特征。

（2）拍摄方向

拍摄方向主要包括正面方向取景、前侧方向取景、侧后方取景和背面方向取景。

①正面方向取景：正面取景主要表现被摄对象正面所具有的典型形象，正面方向擅长表现对称美，能产生威严、庄重、静穆之感，有利于表现人物的相貌特征。

②前侧方向取景：介于正面和侧面的一种取景角度，可以是左侧面，也可以是右侧面，它在摄影中运用得最多。前侧取景的最大特点就是被摄主体的立体感强。

③侧后方取景：介于侧面与背面的一种角度。

④背面方向取景：从被摄主体的背面拍摄。背面方向运用巧妙，同样可以有出其不意的效果。更重视画面所引发的联想和想象。

（3）九宫格构图

九宫格构图按构图方式可分为中心构图、对称构图、对角线构图、水平或垂直式构图和三分法构图。

①中心构图：将拍摄主体放在九宫格中央是最常用的构图方式，在拍摄个体特写等场合都有广泛的应用。

②对称构图：在拍摄时将景物对称地放在九宫格的两侧，可以表现景物的平稳、几何图形的趣味性。

③对角线构图：拍摄时将画面沿着九宫格的右上角和左下角分开，因为线条的倾斜，使画面更加活泼、生动。在拍摄花卉、道路、运动时会经常用到。

④水平或垂直式构图：水平或垂直式构图多用于风光摄影，将地面、天空、山水等保持水平线，分为多个层次。

⑤三分法构图：根据九宫格的线将画面分成三部分，图中下方占比1/3、上方占比2/3，常用于拍摄天空与地面等，画面更有层次感。或者左右一边占1/3、另一边占2/3，2/3的区域进行留白，让画面更有意境感。

4.1.2　巧妙用光与时间把握

摄影是一门光和影的艺术。光，是摄影中最重要的元素。没有了光，摄影师与相机都无法看到这个世界，但光线并不仅仅是用来记录影像的工具。光线条件不同，照片效果也会有很大差异。

4.1.2.1　光的基本特征

（1）明暗度

光的明暗度表示光的强弱，它随光源能量和距离的变化而变化。太阳光下拍摄人物，充满阳刚味道的面部轮廓在强光下的表现更加理想，显示坚强的个性。

（2）方向

如果光只有一个光源，方向很容易确定。而有多个光源诸如多云天气的漫射光，方向就难以确定，甚至完全迷失。

（3）色彩

光的色彩随不同的光的本源，并随它穿越的物质的不同而变化出多种色彩。自然光与白炽灯光或电子闪光灯作用下的色彩不同，而且阳光本身的色彩，也随大气条件和一天时辰的变化而变化。通过光源的色彩，强化人物特性。

4.1.2.2 光在摄影中的作用

（1）表现物体的结构和颜色

在大自然中，不同物体的外部形状、表面结构、表面颜色和质感都是不同的。人们能够看到物体的外部形状、结构、颜色和质感，是因为物体对光线的反射所致。例如，浅色的物体反射光多，深色的物体反射光少；表面光滑的物体所反射的光，光质硬，具有明显的方向性；表面粗糙的物体所反射的光，方向性不强，光质软，具有漫反射的性质；半粗糙面的物体所反射的光，具有定向反射和漫反射双重性质。

（2）表现物体的空间位置

自然界的物体具有长、宽、高三维空间，然而，摄影是在二维空间的画面上表现物体的。因此，要表现出物体的深度，就必须利用光线的明暗关系，才能通过平面的摄影作品表现出物体的立体形态和空间透视效果。

（3）制造特定的气氛

摄影中，可利用光线的变化来制造特定的气氛。自然界的光线千变万化，有时晴空万里，有时乌云密布；有光线强烈的中午，有光线较暗的早晨和傍晚。利用不同的自然光照明拍摄的摄影作品能使人们在观看这些作品时产生身临其境的感受。

4.1.2.3 光的分类

（1）按光源的性质分类

按光源的性质分为自然光和人造光两类。

①自然光。人们在户外摄影遇到的光线基本上就是自然光。自然光就是太阳直接提供给人们的光。

②人造光。人造光在摄影里面特指摄影师为了达到创作意图而设置的人造光源。布光灯和闪光灯都属于人造光。

（2）按光线的投射方向分类

按光线的投射方向分为直射光和散射光两类。

①直射光。直射光又称为硬光。光线未经任何遮挡、折射，直接照射在景物上的光为直射光。

②散射光。散射光又称为软光。太阳光经过遮挡后形成漫射的光线称为散射光。散射光较为柔和，有亮度但无方向性，不能像直射光那样产生明显的投影，明暗反差较小。

（3）人造光

人造光是摄影中的常用光源，尤其是在室内摄影中使用非常广泛。人造光具有使用方便、灵活的特点，摄影者可以自由控制光照强度、光照方向、光照高度、光照距离等，而不受时间及外界自然条件的限制，因此能较好地表现摄影者的主观意愿，完成造型和表达主题的任务。

4.1.2.4 摄影用光光位

光位，指在三维空间中发光物体所处的具体位置，位置分成水平和纵向两种投射方向。不同的光位对应不同的光。

（1）光的水平投射

随着时间、地点和方向的变化，景物总是被来自不同方向的光线所照明，产生着各种不同的照明效果，人们把来自各种不同方向的光的位置称作光位。按光位的不同可分为顺光、侧光、逆光等。

①顺光。顺光也称“正面光”，光线投射方向与相机拍摄方向一致。顺光拍摄时，被摄体受到均匀照明，影调柔和，能够较好地体现景物固有的色彩效果。但处理不当则显得比较平淡。顺光照明不利于在画面中表现大气的透视效果，表现空间立体效果也较差。在色调对比和反差上不如侧光和侧逆光丰富。

②侧光（半顺光）。侧光分为前侧光和正侧光。侧光的特点是光线和被摄物体形成了一定的角度，所以被射物体表面有受光面和阴影面的差别，构成了一定的明暗的变化，可以形成比较丰富的影调层次，较好地表现景物的立体感、轮廓感和表面质感，尤其是对粗糙、凹凸不平的物体表面，表现极为突出。

前侧光和正侧光相比，前侧光所形成的层次更丰富，影调更柔和；和顺光相比，也比顺光的影调丰富，明暗反差强烈。所以，前侧光是被运用得最普遍的光线，一般概念上的侧光，主要是指前侧光。前侧光中用得最多的是高位前侧光。采用高位前侧光照明拍摄人物，常在人脸的暗部形成一个倒三角形的光区。在人物摄影中，被称作“三角光”照明。

③逆光。逆光分为侧逆光和正逆光。逆光的特点是能很好地突出被摄物体，表现被摄景物的轮廓线条、空气透视效果和空间深度。

因为逆光使被摄物面向摄影机的一面全部或大部分处在阴影中，当背景较明亮时，被摄物会以较深的色调从背景中突出出来；当背景较暗时，运用正逆光摄影，使被摄物面向摄影机的一面全部处在阴影中，此时选择明亮的背景（如天空或水面）拍摄可以获得像剪影效果的照片。

（2）光的纵向投射

光的纵向投射除了常用的45°角位置外，还分为顶光和脚光。

①顶光。光线从被摄体的顶部垂直向下照明，称为顶光。顶光照明对被摄体的立体形态、轮廓形态、质感表现不如其他光线的效果明显。

②脚光。从被摄体的下方向上射出的光线，称为脚光。脚光在摄影中多用于背景光的造型。

4.1.2.5　摄影用光技巧

（1）室外拍摄的最佳时间

太阳从日出到日落，不仅光线的位置时时刻刻在改变，光线的强度同样随时间的变化而变化。因此，自然光线照射在人物主体身上的光线效果也会随着太阳位置的推移和强度的变化而不断改变。

针对自然光线的多变，摄影者在进行室外人像摄影时，需要选择最佳的室外拍摄时间来得到最满意的人像效果。一般来说，一天当中的最佳拍摄时间段为上午10点之前和下午3点以后（ 前提是日出之后和日落之前）。此时，太阳光线柔和，高度适中，能够使人物呈现一种自然的状态。

（2）强光拍摄方法

除了拍摄的最佳时间外，由于时间限制，摄影者不可避免地需要在太阳光强烈的中午进行拍摄。此时的光线直射性比较强，光线的感觉比较硬（也就是摄影者经常提到的硬光），往往容易在人物脸部形成很重的阴影。此时，摄影者可以避开阳光强烈的位置，选择太阳伞、树荫下、高墙、高石处等，能够遮挡一定光线的位置来进行拍摄。这样，不仅可以避免人物脸部产生阴影，而且人物主体也不会因为太阳光线的强烈照射而表情不自然。

（3）阴天拍摄方法

阴天时，室外的光线是非常柔和的散射光，用这种光线拍摄人像，能取得比较好的效果。同时，还可以利用反光板来进一步改善光线效果，同时增加眼睛部位的光线，减轻下巴下面的阴影，从而拍出更漂亮的人像。

但是，摄影者要注意，在使用这种光线进行拍摄时，要把人物主体的姿势和位置安排得当，让散射光和反射光尽量照亮人物脸部。例如，选择一个比较开阔的场地，不要让建筑物、树木等挡住自然的散射光，然后让被摄体转动，从而选择一个最佳的光线位置。

（4）借助窗外光源拍摄方法

在室内，摄影者可以首先考虑在靠近窗户的位置进行拍摄。因为在窗户边上，尤其是朝北的窗户，会有非常柔和的散射光。若窗户灰尘较多，光线会更加柔和。当投射进窗户的是直射光线时，摄影者还可以拉上一层很薄的窗帘来缓解一下光线的强度。在靠近窗户的位置，人物主体可以坐着，也可以站着，但要避免光线看起来没有立体感，同时确保被摄体可以从窗户那里能获取侧光（非直射光）。此时，脸部另一侧的柔和阴影会加强人物照片的效果，让人物主体更加具有深度和趣味。

（5）充分利用室内的灯光

除了在窗户边上，摄影者还可以利用室内的灯光进行拍摄。相对来说，室内的光线比较容易控制。

当在西餐厅或者其他气氛比较好的地方就餐时，摄影者可以选择一处灯光效果比较明显的位置。在这种场所，其灯光的光线都是偏橙红色调，能给人一种很温暖的感觉。这时，给身边的朋友或者亲人拍摄一张照片，效果会很不错。但要注意的是，如果灯光在顶部，很容易产生顶光的效果，人物的脸部会出现很多小阴影。这时，人物主体可以选择把头部稍微向上仰，尽量让脸部受光均匀一些。

（6）顺光拍摄技巧

在摄影中，用顺光拍摄景物，能够给人明亮、清朗的感觉。但是要注意，顺光照射景物过于平正、明暗之分不明显，这往往会使景物主体与背景的色调融合，画面缺乏立体感。

（7）侧光拍摄技巧

侧光是在风光摄影中使用得较多的一种形式。尤其是45°角的前侧光，不仅能够使景物具有一定的明暗反差，增强景物的立体感和画面影纹层次，同时，对画面色彩的还原也比较理想。而90°角的侧光，能够使景物的明暗各占一半，画面的明暗反差和立体感非常明显。尤其是在表现建筑物等表面不平整的物体时，效果更为突出。摄影者在利用侧光拍摄时，要注意尽量对画面的明亮处进行测光，避免造成画面局部曝光过度。

（8）逆光拍摄技巧

逆光是风光摄影中最有个性的光线。逆光是指阳光从相机的对面照射过来，景物被光线照射的部分都会产生光亮的轮廓，主体与背景得以明显的分开。逆光最适合表现前后层次较多的景物，在每一景物背后都勾勒出一条条精美的轮廓光，使前后景物之间产生较强烈的空间距离感和良好的透视效果。

拍摄逆光景物时，画面往往会因阳光的照射和景物的光亮轮廓而造成曝光不足。因此，摄影者在拍摄逆光景物时，最好以景物的阴暗部分来确定曝光时间，这样才能充分显示出景物的层次。如果摄影者想得到剪影的效果，那么拍摄时以亮部为准即可。

（9）高光拍摄技巧

高光一般是指上午10点到下午2点之间，太阳在空中几乎垂直照射到地面的光线。高光是一天中阳光最强烈的时候，会给画面造成很深的阴影。同时，高光具有一定的垂直性，除了能表现从上到下的阴影层次外，并不利于表现物体的质感。所以，这种光线并不很适合表现风景题材。

（10）散射拍摄技巧

散射光一般是指在阴天等太阳光线被薄云层遮挡时所散发的光线。在这种光线下拍摄，被摄体没有明暗的线条界线，也不会产生阴影，而只能表现出平淡的物体影像和阴沉的气氛。因此，当摄影者处于阴天的散射光情况下，需要尽可能缩小景物范围，采取较近距离的中景或局部场面进行拍摄，才可能获得比较清晰的效果。同时根据实际情况的需要，采用较大的光圈或者增加一定的曝光补偿量，可以避免阴天光线引起的曝光不足。

4.1.3　运镜拍摄技术

运镜就是运动的镜头，一种制造出动感画面的拍摄手法。如今在短视频中运镜手法大为流行，很多创作者通过使用运镜的方式使自己的视频变得生动酷炫。除了要学会用手机在后期添加运镜的效果外，还要学会在拍摄过程中如何运镜，常见的手机运镜方式有以下几种方法。

（1）推镜头

推拉运镜是非常适合初学者的一种运镜技巧。其中，推镜头是指镜头指向被拍摄对象，拍摄对象保持不动，然后使拍摄设备不断向前靠近拍摄对象，如图4–1所示。

图4–1　推镜头

推镜头在拍摄中起到的作用是：突出介绍在后面影片中出现的重要人物或事物，可以使观众的视线慢慢接近被拍摄对象，并逐渐将观众的注意力从整体引向局部。

在镜头推动的过程中，画面所包含的内容逐渐减少，通过镜头的运动摒弃了画面中多余的东西，从而突出了重点。

（2）拉镜头

拉镜头则和推镜头相反。即在拍摄对象不动的情况下，使拍摄设备逐渐远离拍摄对象，如图4–2所示。

拉镜头的作用可以分为两个方面：一是为了表现主体人物或景物在环境中的位置，即在手机向后移动的过程中，逐渐扩大视野范围，从而在一个镜头内反映局部与整体的关系；二是为了满足镜头之间的衔接需要，比如前一个是后一个场景中的特写镜头，而后一个是另一个场景中的镜头，两个镜头通过拉镜头的方式衔接起来，会显得十分自然。

图4–2　拉镜头

（3）上下运镜

图4–3　上下运镜

上下运镜拍摄，即镜头的升降运动。上下运镜是指拍摄设备上下移动拍摄画面，是一种从多视点表现场景及拍摄对象的方法，其变化的技巧有垂直方向、斜向升降和不规则升降，该运镜手法非常适合拍摄展示人物身姿，如图4–3所示。在拍摄的过程中，不断改变拍摄设备的高度和俯仰角度，会给观众带来丰富的视觉感受。升降镜头如果在速度和节奏方面运动适当，则可以创造性地表达一个情节的情调，常常用来展示事件的发展规律，或在场景中做上下运动的主体对象的直观情绪。

如果能在实际的拍摄中与镜头表现的其他技巧结合运动的话，能够表现出丰富多变的视觉效果。

（4）跟随运镜

跟随运镜是指拍摄设备跟随运动状态下的被摄对象进行拍摄，如图4–4所示。镜头跟随拍摄，使处于动态中的被摄对象在画面中的位置保持不动，而前后景可能在不断变化。这种拍摄技巧既可以突出运动中的主体，又可以交代物体的运动方向、速度、体态，以及其与环境的关系，使物体的运动保持连贯性，有利于展示被摄对象处于动态中的精神面貌。

图4–4　跟随运镜

（5）环绕运镜

环绕运镜也被称为“旋转镜头”，它是指拍摄设备拍下被摄主体或背景呈旋转效果的画面，这一运镜技巧通常被用来表现人物在旋转中的主观视线或者眩晕感，或者以此来烘托情绪、渲染气氛，是影视剧中较为常见的一种拍摄手法。使被拍摄对象处于一个固定的位置，然后将镜头以环绕的方式跟随被摄对象进行拍摄，如图4–5所示。

需要注意的是，在使用该手法拍摄时，尽量使镜头与被摄对象之间的距离保持一致，做“画圆”拍摄，这样可以更好地渲染主体。

简单来说，环绕运镜常用的拍摄手法可以归纳为以下几种：

①运用旋转的运载工具拍摄，同样可以获得旋转的效果；

②拍摄设备在不动的情况下，倒置或转到360°圆的任意角度进行拍摄，可以顺时针或逆时针运动；

③被摄主体与拍摄设备几乎处于一个轴盘上做360°的旋转拍摄；

④拍摄设备呈360°快速环摇拍摄；

⑤沿着镜头光轴仰角旋转拍摄。

图4-5　环绕运镜

（6）快速摇晃运镜

快速摇晃运镜，也可以称为“甩镜头”，这是许多抖音玩家喜爱的一种拍摄手法。该运镜技巧对摄影师的要求比较高，它是指一个画面结束后不停机，镜头急速摇晃转向另一个方向，从而将镜头的画面改变为另一个内容，而中间在摇转过程中所拍摄下来的内容变得模糊不清楚，这个过程类似于人们在观察事物时，突然将头转向另一个事物，非常符合人们的视觉习惯。

该运镜手法的好处不仅是自然地衔接两个完全不同的场景，它还可以强调空间的转换和同一时间内，不同场景中所发生的并列情景。摄影师通过这种便利手法，可以营造脑洞大开的剧情。

快速摇晃运镜要求一定的节奏和速度，它可以给画面造成突然性的过渡。在具体拍摄时要注意甩的方向、速度及过程的长度，应该与前后镜头的动作、方向和速度相适应。也可以专门拍摄一段向所需方向甩出的流动影像镜头，通过后期剪辑插入前后两个镜头之间。

（7）呈现式运镜

呈现式运镜重点在于表现意境、丰富画面。摄影师在拍摄内容时，可以先拍摄天空，再将镜头由上至下运镜拍摄被摄主体周围的景物，再从景物环绕运镜自然过渡到被摄主体身上。这样的拍摄手法在交代了场景的同时，可以以一种比较自然的方式将镜头过渡到主体对象身上。

（8）POV运镜

POV（Point Of View）运镜，即第一人称视角拍摄，这种拍摄手法又被称为“飞行模式”，让镜头呈现出鸟儿飞翔时的视觉感受。POV运镜一般建议搭配手机云台进行拍摄，许多手机云台具备AF（Automatic Focus，自动对焦）全跟随模式，可以帮助人们更加轻松地进行拍摄。

在拍摄时，将镜头想象为自己的眼睛，结合左右摆头时的晃动感，即可拍摄出立体生动的画面。

4.2 视频剪辑

视频剪辑的目的主要是为了达成一种叙事的逻辑，这种逻辑很多时候在拍摄的时候并不是按时间线存在的，需要后期在庞大而复杂的素材中整理设计出来，达到一种富有节奏、突出主题的叙事模式。这样既可以提高作品本身的价值，也能让观众更好地去理解创作者想表达的东西、投入到作品中去。所以在运用相同素材的情况下，一个剪辑优秀的作品往往会引人入胜，吸引更多的人去关注和品读。

4.2.1 剪辑的理论法则

4.2.1.1 银幕方向与180° 轴线法则

（1）银幕方向

银幕方向（Screen Direction）常常是在写好剧本的虚构叙事片段中出现的问题，但在其他类型中也会出现。演员或被拍摄对象从一个镜头的画面走出，进入另一镜头的画面，在此过程中银幕方向必须保持一致。为了清楚地说明，我们在观看视频时，将画面的左侧视作银幕的左侧，将画面的右侧视作银幕的右侧。视频空间本身即人物生活和移动的世界，必须作为真实的空间，所以它的左右上下规则也是相同的。

如果镜头A显示一个人物从一个简单镜头的画面左侧离开。想切入镜头B时，同一个人物必须从画面右侧进入，视频空间中人物的运动方向必须一致——右侧至左侧，然后再一次从右侧至左侧。如果让一个人物在镜头A中从画面左侧离开，然后使同一个人物在镜头B中从画面左侧进入，此时，人物好像只是转身，却神奇地重新进入一个不同的地点。这会让观众感到迷惑，在思想上对剪辑产生排斥。

（2）180° 轴线的概念

无论是什么类型的视频，都是由一系列的镜头按照一定的排列次序组接起来的。所以这些镜头能够延续下来，使观众能够从视频中看出它们融合为一个完整的统一体，即完整的空间。

在视频制作中，比较常用的方式就是利用轴线规律来保持空间的统一和连续性。

轴线，是指被摄对象的视线方向、运动方向和不同对象之间的关系所形成的一条假想的直线或曲线。在视频的场面调度中，人物的行动方向或人物之间相互交流的位置关系构成一条无形的轴线。变换视角（机位）时，要受轴线规律的制约。

总角度所在的轴线一侧180°角的范围内，拍摄设备的角度无论怎样变换，所拍摄的不同视角的镜头连接起来后，都不会在画面上造成空间上的混乱。否则，两个镜头中的主体就会出现空间位置混乱的情况，被称为“跳轴”或“越轴”。

（3）轴线的意义

轴线是视频画面中形成人物位置关系、视线左右关系、运动方向关系的重要表现手段。因为在镜头组接中需要这种人物位置、视线和运动方向关系之间清楚的逻辑关系。

在轴线的一侧所进行的镜头调度，能够保证两相组接的画面中人物视向、被摄对象的动向及空间位置上的统一定向，这就是在场面调度中所说的方向性，也就是我们所强调的逻辑关系。

遵守轴线的规律来变换视角，可以保证人物行动路线和人物位置关系始终清楚、明确。

（4）轴线的分类

①方向轴线：是指被摄对象静止不动的，即位置没有移动。这样“轴线”就要根据各主体间的连线或主体到背景平面的垂直线来定，这就称为“方向轴线”。

②关系轴线：由人物之间的位置关系产生的轴线，称为关系轴线。

③运动轴线：即处于运动中的人或物体，其运动方向构成主体的运动轴线。它是由被摄主体的运动所产生的一条无形的线，或称为主体运动轨迹。在拍摄一组相连的镜头时，摄像机的拍摄方向应限于轴线的同一侧，不允许越到轴线的另一侧。否则，就会产生“离轴”镜头，出现镜头方向上的矛盾，造成画面空间关系的混乱。主体运动的速度越快，“轴线”的作用就越明显。

（5）剪辑时如何避免越轴

①对于同一主体的镜头转换，在剪接点上，主体或视点（机位）的运动或变化，其角度一般要在相同方向范围内变化，若有相异或相反方向的变化，应呈现在画面中，使前后画面以相同方向顺畅组接，从而保证主体运动方向或视线方向的统一。

②若表现主体间的呼应关系，不同的主体在画面中通常采用相异方向，有时也用相反方向，而不用相同方向。这样，组接主体之间的呼应关系才能更加明确、统一。

③若表现实际方向相对、具有明显冲突的不同主体时，多采用相异方向，有时也用相反方向，而不能用相同方向。若误用了相同方向，将会造成矛盾双方空间位置的混乱。

④若表现在实际中方向相同的不同主体，一般采用相异方向，有时也用相同方向，而不能采用相反方向。

（6）合理越轴技巧

在一般情况下，通常需遵守轴线规律，以防止越轴前后的画面不能进行组接。但为了丰富视频画面语言，往往又要打破“轴线规律”，避免镜头局限于轴线一侧，而是以多变的视角，立体化地表现客观现实空间。这就需要通过有效手段，或借助一些合理因素，或以其他画面作为过渡，起到一种“桥梁”作用，既避免“越轴”现象，又能够形成画面语言的多样性和丰富性。

①通过移动镜头，机位“移过”轴线，在同一镜头内实现越轴过渡，即利用摄像机的运动越过原来的轴线实施拍摄的过程。由于越轴的镜头是不能直接组接的，但在一个镜头中，

是允许摄像机通过自身的运动越过原先的那道轴线，连续不断地展示出越轴的过程。所以在画面中，观众能清楚看到由于拍摄位置变化而引起的被摄主体的运动方向和位置关系的变化。

摄像机的运动实现越轴拍摄，在纪实性拍摄中经常使用。由于纪实性拍摄不便于对人物进行调度，为了抓取最佳角度、突出主体、改变构图等，常常利用摄像机或光学镜头的运动进行多侧面、多视角的画面表现。

②利用被摄对象动作路线的改变，在同一镜头内引起的轴线变化，形成越轴过渡。与摄影机移动越轴类似，这两种方式都是以完整展现轴线变化的过程来实现合理越轴。

③利用在轴线上的镜头（又称为中性镜头）间隔越轴镜头，缓和给观众造成的视觉上的跳跃。

镜头在轴线上，被摄主体背对或正对镜头，没有明显的方向感，因此，从这个意义上讲，它是中性的镜头，可以和轴线任何一侧拍摄的镜头组接。

④在越轴的两个镜头间插入特写镜头。由于把被摄对象的局部充满了画面，能更细致地表现被摄对象的某一部分，从而把观众的注意力集中吸引过来。淡化因“离轴”给观众所带来的视觉上的跳跃。同时它不反映和其他事物的位置关系，属于方向性不强的镜头，组接时借助特写镜头，也能实现轴线两侧画面的连接。具有越轴功能的插入镜头有两种情况：第一种情况是相同空间的相同场景中插入一些方向性不明确的被摄对象的局部特写画面，使得镜头在轴线两侧所拍摄的画面能够组接起来；第二种情况是不同空间的相同场景中插入人物情绪反应的特写，也可以减弱或消除运动时的冲突感。

⑤在动作特征很明显时，也可以越轴，并不会影响人们理解空间的方位。

4.2.1.2 跳切与30°角法则

（1）跳切的概念

不采取任何画面附加技能来构造整个视频，而是应用镜头画面直接切出、切入的办法衔接镜头，衔接场景，转换时空，使整个视频以无画面附加技能的剪辑办法来进行构造处理，这种方法通常称为跳切。作为一种特殊的剪辑手法，跳切摒弃了常规的连贯性剪辑，进行跳跃式镜头组接，形成了一种独特风格。跳切剪辑通过对视频节奏的调节、动作速度的改变、特殊视听效果的创造、情绪变化的推动等，作用于画面或声音突如其来的变化对观众的刺激，以造成特殊而强烈的感官体验。

（2）跳切的运用方法

运用跳切转换时空，并不是简单的镜头直接切换，它必须考虑和保持语言内在含义的联系性、形体动作的连续性和镜头运动的有机性，利用语言、动作和画面造型因素以及音乐、音响来达到转场的目的。

（3）30°角法则

30°角法则是规定摄像机在拍摄同一主题的连续镜头时，镜头需要移动至少30°角。若其移动小于30°角，镜头间的转换看起来就会像跳接，会干扰观众对剧情的关注，观众可能因此更关注视频技术而不是视频的叙事本身。

摄像机拍摄角度的30°角改变使得两个连续的镜头的差别足够大，从而看起来不像跳接，不过摄像机也应该遵循180°角原则。考虑到30°角原则，每当在轴上做出一个动作，摄像机都需要改变至少20毫米的拍摄距离。按照这个原则，摄像机应参照前面的拍摄距离移近或远离20毫米，由于这个原因，30°角原则通常被称为“20毫米/30°规则”。

4.2.1.3　匹配视线规则

镜头中人物的视线是一条假想线，连接人物的双眼与影响世界中吸引人物注意力的任何物体。

如果两个人正在对话，另一个人的面部或双眼通常是这个人感兴趣的对象，所以视线从人物A的双眼追踪至人物B的面部或者双眼。也可能是一个人注视着墙上的挂钟或者一摞纸币。

因此，匹配视线的规则也就是下一个镜头要将上一个镜头人物眼睛所看到的视线展现出来。具体方法有以下5种。

（1）匹配镜头规格

运用相同的景别、距离、焦距、范围以及景深构成的两个独立的镜头能够很好地构建出有效的视线匹配。

（2）180°规则

将摄影机放置在画面中180°线的同一方向进行拍摄，会产生和谐而连贯的场景。

（3）反打镜头

在镜头进行反向拍摄时，使用视线匹配的方式来拍摄反打镜头可以推动叙事向前发展。并且会让观众了解到什么事情能够让角色产生情绪。

（4）在镜头中配对演员

有时需要在一个场景中讲述多个角色的故事，如果每个角色都有独立的镜头和独立的视角，那么最终不仅会导致整体拍摄效率低，还会造成画面整体的不和谐。所以使用双人镜头和三人镜头更易于拍摄和剪辑。

（5）垂直视线搭配

视线匹配不仅可以左右搭配，还可以垂直搭配。角色之间如果身高差较大，这一点就尤其重要了。

4.2.2 剪辑的动因与技巧

4.2.2.1 信息与时机

（1）信息

新的镜头应该给观众呈现新的信息。在视频中，这种信息主要体现为视觉信息（例如，一个新角色登场，一个不同的地点展现，一个扑朔迷离的事件上演，等等），但也可以表现为听觉信息（旁白、马蹄声、讲话声等）。聪明的剪辑师会自问：接下来观众希望看到什么？接下来观众应该看到什么？接下来观众不能看到什么？接下来我希望观众看到什么？

因为剪辑师承担的诸多任务之一就是调动观众的情绪和思维。通过提问上面的问题可以将同样的故事情节以一种巧妙的、较为隐晦的方式呈现给观众。例如，悬疑片有时故意提供一些误导观众的信息，爱情剧可能会提供给观众一些连剧中人物也不知晓的信息。不管提供什么样的信息，目的无非就是调动观众，使他们积极参与到故事中来，令他们不断思考，从而对整个影片兴致盎然。当观众完全沉浸在故事中，而忽略了剪辑本身时，说明视频具有良好的表现力和流畅性。这也说明剪辑师很好地完成了自己的工作。

新的信息是所有剪辑选择的基础。不管一个镜头什么时候转换到另一个镜头，被剪切的这个镜头中是否还存在新的信息？这个镜头为什么被剪切？还有没有更好的选择？同一个场景还有没有另外一个镜头可以提供新的信息并能够满足剧情的需要？无论镜头多么华美、多么酷、多么造价不菲，只要不能为故事情节的发展提供新的信息，这个镜头就不应该出现在最终剪辑版中。

（2）时机

剪切的新镜头应为观众提供新的信息，但切出的镜头呢？为什么要切出那个镜头？何时是切出那个镜头的最佳时机？从一个镜头转换到另一个镜头总有动机，这种动机可以是视觉动机，也可以是听觉动机。

动机因素通常是当前镜头中由主体或客体发出的一种动作，可以大到汽车跨越河流，也可以简单到面部的一个细微动作。或许是特写镜头中一个角色的眼睛稍微地向左移动，好像看向屏幕外的某个东西。剪辑的逻辑就是切出之前的特写，并迅速切入角色感兴趣的客体。切入下一个特定镜头的原因（比如因为一只猫）是为了提供给观众新的信息，也就是告诉观众视频中的人物在看什么。

4.2.2.2 镜头构图

尽管剪辑师无法控制镜头中视觉元素的构图，但他/她却能够选择在转场时将两个镜头放在一起剪切。如果正确的镜头构图存在于视觉素材中，那么剪辑师可以使这些画面更加生动，让观众身临其境。剪辑师可以以最简单的形式从一个构图、声音完美的镜头开始剪辑所有的镜头——简单的、复杂的或运动的。一个漂亮、平衡的镜头就是一件展品，镜头充分展开后，观众可以尽情欣赏，观看体验大大提升。

另一个技巧就是挑出两个基本但构图合理的镜头后将其逐步切入。双人对话就极好地表现了这一点。场景可以这样安排：画面首先出现两个人面对面坐在桌边谈话的远景。人物A说话时，切入人物A的中特写镜头。人物A坐在画面的左边，视线空间穿过画面右边。此时观众开始推测，接下来会切入人物B在聆听的镜头。果然不出所料，又切入了相匹配的人物B的中特写镜头。B坐在画面的右边，视线空间穿过画面左边。

作为剪辑师，不可能去亲自安排中特写镜头构图，但却可以使用人物在画面的左右交替出现的方式吸引观众的兴趣，使他们持续参与到故事情节的发展当中。随着从一个中特写镜头切入另一个中特写镜头，观众经历了一次视线匹配或视线追踪。

当观众看到人物A在画面左侧讲话时，他们的注意力也在画面左侧。然而，他们意识到人物A的注意力实际上落在画面的右边。当镜头切入人物B时，观众穿过屏幕一路追踪人物A的视线，最后落在画面右侧的新面孔即人物B上。人物B应该处于这样一个位置，其视线应与人物A的视线匹配。这样，正好与观众在屏幕上的视线追踪相符。

就像一只网球在球场上来回飞舞，观众的目光也在屏幕上来回穿梭，随着一个镜头切到另一个镜头，不断从每个出场人物身上寻找新的信息。剪辑师想要抓住观众的视线追踪，但同时不会让他们太费力地寻找下一个信息。微妙的寻找有助于保持观看视频的趣味性，而费力的寻找只会让观众对故事情节更加困惑。精美的、多层次的镜头构图在屏幕上效果极佳，但同时也要考虑到如何切入、切出镜头，以及让观众如何在更加复杂的视觉环境中捕捉到重要的新信息。

4.2.2.3　摄影角度

计划好一个场景的拍摄范围后，某些摄影机机位或摄影机角度被认为是比较有利的，摄影组也会最终采纳以这种摄影机角度拍下的镜头。由于时间或资金因素，只有以某些角度拍下的某些镜头会被记录下来，拍摄团队尽力将海量信息放入数量较少，但同时具有视觉吸引力的画面中。剪辑师在回顾所有镜头之前不会知道摄影机放在180°弧线附近的哪个位置来拍摄场景中的动作，剪辑师只能尽量在剪辑时将水平角度（相距大于30°）不同的镜头顺次排列。

4.2.2.4　连贯

使转场保持平稳流畅、天衣无缝的连贯，是避免观众注意到剪辑的重要法宝。尽管剪辑师不为自己剪辑的镜头的质量负责，但却有责任将镜头组合得尽善尽美。如果拍摄团队和演员没有处理好转场的连贯性，接下来剪辑师应在工作中尽量弥补这一缺憾。为了让叙事变得更为有趣，在剪辑过程中，有以下4种不同形式的连贯需要处理。

（1）内容的连贯

从一个镜头切入另一个镜头时，演员的动作必须匹配连贯。由于拍摄时演员必须一次次地重复同样的动作，因此，对于场景的每一个镜头而言，拍摄团队都希望他们将同一个动作多做几遍。

（2）动作的连贯

银幕方向是指演员或物体向画面右侧或左侧的运动。从一个镜头切到下一个镜头时，如果下一个镜头中仍然出现演员或物体同样的动作，这时必须保持方向一致。拍摄团队在拍摄时应遵循场景的银幕方向和180°规则。如果他们没有这么做，拍摄接下来剪辑师想使用的用来延续人物动作的镜头和已经建立的银幕方向不符，这时就要插入一个逻辑镜头，用来继续影片的叙事并打破演员动作在视觉上的不连贯。这个符合叙事流程的插入镜头，可为观众提供一个短暂的视觉休憩，从而使得视频中的演员有时间在第三个镜头中改变方向，以继续之前未完成的动作。

（3）位置的连贯

前面已经提到视频空间具有方向性，同时还必须具有空间感。位于画面内的演员或物体也在视频中占有各自的空间。剪辑师需要将演员或物体位置连贯的多个镜头组合在一起，这一点非常重要。如果演员出现在画面的右侧，那么同一个场景，在接下来的任何镜头中，该演员都必须出现在画面右侧的某个位置。当然，如果在镜头中演员移动到了另一个位置，那么该演员出现在画面左侧同样符合逻辑。如果出现演员或物体从画面的一侧跳到另一侧的镜头剪切，则会分散观众的注意力，从而破坏剪辑的流畅性。

（4）声音的连贯

声音和视角的连贯极为重要。如果场景动作发生在同一时间、同一地点，那么声音将从一个镜头延续到下一个镜头。如果在第一个镜头中天空中有一架飞机，观众不仅能看到这架飞机，还能听到它的声音，接下来这架飞机的声音直接转场到下一个镜头。即使在下一个镜头中看不到飞机，剧中人物也应听到了飞机的声音。因此，飞机的声音也同样应该呈现给观众。

4.3 剧本写作

众所周知，很多影视作品从文字作品改编过来时，还需要进行大量的剧本创作，把文字场景转变为视频的场景。因此在进行内容创作时，首先要做的是进行小剧本的写作，把脑海中的创意变成演员可读、后期可操作、观众可理解的画面和场景，向消费者精准地传达企业理念或商品价值。

4.3.1　故事设计

4.3.1.1　激励事件

激励事件是故事讲述的第一个重大事件，是一切后续情节的首要导因，它使其他四个要素开始运作起来。当一个激励事件发生时，它必须是一件动态的、充分发展了的事件，而不是一个静态的或模糊的事件，激励事件必须打破主人公生活中各种力量的平衡。激励事件偶尔需要由两个事件来构成：一个是伏笔，另一个是分晓。如果一个激励事件的逻辑发展需要一个伏笔，作者绝不能推迟分晓的时间（至少不能推迟得太久）；也不能把主人公蒙在鼓里，令他根本不知道他的生活将要失去平衡这一事实。

（1）激励事件设计

激励事件的发生无非通过下述两种方式之一：随机或有因，要么由于巧合，要么出于决定。若出于决定，那么这一决定可以由主人公来做出。如《克莱默夫妇》中，由一个其力量足以颠覆主人公生活的人来做出：克莱默夫人决定离开克莱默先生和孩子。如果是由于巧合，可以是天赐洪福型。如《帕特和麦克》中，体育推广商意外巧遇秀外慧中的女运动员。抉择或巧合，二者必居其一。

主情节的激励事件必须发生在银幕之上——不能发生在幕后故事之中，也不能发生在银幕之外的场景之间。每一个情节都有自己的激励事件，可以出现于银幕，也可以不出现于银幕，但是，主情节的激励事件必须让观众亲身经历，这对故事设计是至关重要的。

（2）激励事件的定位

在故事的总体设计中，应该把激励事件置于何处？根据经验，主情节的第一个重大事件必须在讲述过程的前四分之一时段内发生。

激励事件可以是视频中所发生的第一个事件，也可以置于中间任何地方或者最后面。例如，一部两个小时的故事影片的标准是，应将主情节的激励事件定位于前半个小时之内，如果主情节的激励事件在影片开演15分钟之后还迟迟不来，那便会有令人厌倦的危险。

每一个故事世界和人物设置都是不同的，因此，每一个激励事件都是一个不同的事件，定位于一个不同的点。如果它来得过早，观众也许会感到迷惑；如果它来得太迟，观众也许会感到厌倦。只要观众对人物及其世界的了解足以令其做出完全的反应，就必须推出激励事件。早一个场景不行，晚一个场景也不行，其准确时刻必须通过感觉和分析来定夺。

（3）激励事件的质量

激励事件的质量严格说来必须与世界、人物及其类型密切相关。事件一旦构思完成，作者必须将精力集中于它的功能。激励事件能否彻底打破主人公生活中各种力量的平衡？它能否激起主人公恢复平衡的欲望？它能否在主人公心中激发出自觉的欲望，令其求索他认为能够恢复平衡的欲望对象——无论是物质的还是非物质的。在一个复杂的主人公心中，它是否还会激活一个不自觉的欲望，与其自觉的需要之间发生矛盾？它能否将主人公送上一条达成欲望的求索之路？它能否投射出必备场景的影像？如果它能够做到这一切，那么它便可以以“特别的方式”出现。

4.3.1.2 场景设计

剧本中的场景设计主要分为转折点、伏笔和分晓、情感转变与选择3个部分。

（1）转折点

一个场景即一个缩微故事——在一个统一或连续的时空中，通过冲突而表现出来的、转折人物生活中负荷着价值的情境的一个动作。从理论上来说，一个场景的长度或景点几乎没有任何限制。在适当的上下文中，一个场景可以由一个单一的镜头构成：一只手翻过一张扑克牌便可以表达重大的变化。相反，10分钟的动作，跨越十几个地点，所表达的东西也许并不多。无论景点或长度如何，一个场景必须统一在欲望、动作、冲突和变化周围。

（2）伏笔和分晓

为了一幕一幕地表达视觉，将虚构现实的表皮破开，并把观众送到故事前面部分以获得见解。因此，这些见解必须以伏笔和分晓的方式进行构建。铺设伏笔是指将知识一层一层铺垫好；分晓是指将铺设的知识传达给观众以闭合鸿沟。当期望和结果之间的鸿沟把观众推到故事前面以寻找答案时，只有当作者预先在作品中准备了或埋植了这些见解时，观众才能找到。

（3）情感转变与选择

想要打动观众的情感，并不是通过在人物的眼中点上晶莹的泪珠，也不是通过辞藻华丽的对白，令演员欢快地朗诵；并不是通过描写一个情意绵绵的拥抱，也不是通过采用愤怒的音乐效果。相反，需要通过表现必要而精确的体验来促使观众在心中自然生出一种情感，然后带领观众经受那种体验。因为转折点不仅可以传达见解，它们还能创造出情感的动力。

为了理解如何才能创造出观众的情感体验，首先必须明白，世界上只有两种情感——快感和痛感。每一种都有其不同程度的变异：前者如欢乐、爱情、幸福、狂喜、愉悦等；后者如痛苦、害怕、焦虑、恐怖、悲伤、紧张、悔恨等。

4.3.1.3 危机

危机是剧本写作的第三部分，是故事的必备场景。

从激励事件开始，观众就一直在期待这一场景，越来越热切地企盼着视频中的主人公与他生活中最强大、最集中的对抗力量进行面对面的斗争。

危机必须是真正的两难之境——是不可调和的两善之间或两恶之间的选择，或同时面临两种情况的选择，将主人公置于生活中最大的压力之下。

这一两难之境摆在主人公面前，当他与他生活中最强大、最集中的对抗力量进行面对面的斗争时，他必须做出一个决定，要么采取此行动，要么采取彼行动，为赢得自己的欲望对象做出最后的努力。

4.3.1.4　高潮

高潮这一登峰造极的重大逆转并不一定充满着噪声和暴力。相反，它必须充满意义。意义是指从正面到负面，或者从负面到正面，或者有反讽或无反讽的价值剧变（当价值处于最大负荷时所发生的绝对而不可逆转的价值摇摆）。这一变化的意义便可以打动观众的心。

高潮一旦呼之欲出，故事便已进入一种从尾到头而不是从头到尾的、意义重大的改写状态。生活的流动是从原因到结果，但创造力的流动则常常是从结果到原因。一个高潮的想法会毫无支撑地跳入想象。现在编剧必须逆向工作，为高潮在虚构现实中找到支撑，提供因果依据。编剧从尾到头逆向工作，是为了确定，通过思想和反思想，每一个形象、节拍、动作或每一行对白，都与这一宏大的结果具有某种千丝万缕的联系。所有的场景都必须比照这一高潮确立其存在的理由，无论是主题的还是结构的。如果把一些场景剪掉并不影响这一高潮的冲击力，那么便必须剪掉。

4.3.1.5　结局

结局作为剧本写作的第五部分，是高潮之后所残留的任何材料，它有三种可能的用途。

第一，故事讲述逻辑也许并没有提供一个机会来使次情节在主情节的高潮之前或之中达到高潮，所以它在故事的末尾需要一个属于它自己的场景。

第二，展示高潮效果的影响所及。如果一部影片通过向社会横向发展来表达其进展过程，那么其高潮也许会局限于它的主要人物，但是，观众已经知道许多配角人物的生活也会为这一高潮动作所改变，这便会引发一个社会事件，以满足人们的好奇心，使所有的人物都在同一景点亮相，利用跟拍镜头来向人们展示他们的生活发生了怎样的变化。

第三，所有的故事都需要一个结局场景以表示对观众的尊重。因为，如果高潮已经打动观众，如果他们笑得不能自禁，或被恐惧惊呆，或充满着一种社会义愤，或还在擦拭眼泪，那么突然故事结束，将是非常不礼貌的。所以需要在剧本的最后一页加上一行描写，把镜头慢慢送回，好让观众喘口气，定定神。

4.3.2　对白设计技巧

（1）语求肖似

戏剧人物性格鲜明，说话应有鲜明的特色。不同年龄，不同身份，不同身世，不同爱好的人，都有他们各自的思想、性格、品质、风貌。设计角色对白时，要熟悉每个角色的身份、性格、特点。例如：年纪大的，说话应该老成；一家之主，说话应该严肃；书香门第，说话应该高雅。具体的还可以从时期、对象、环境、处境来加以设计。

①注意人物所处的时期。每个时期都有不同的表达辞藻，不同的说话方式，对白设计要看人物处于什么时期，在古代、民初还是在现代。古代注重长幼有序，所以在设计对白时要注意说话的方式。同时在面对同一事物时，古今也有很大的差异，比如现代人会用“拜拜”来表达分开，而古代人却不会。

②注意说话对象。比如当角色对后辈说话时，往往以长辈的语调进行教训；当对方是同辈的时候，不会直接进行教训，而是以劝诫的方式进行。若对方是长辈时，同一意思的表

达，会变得谦卑有礼，间接地进行劝诫。同一件事，同一种话，不同的对象，对白设计应有所不同。

③注意说话环境。说话的环境影响一切，比如在公堂上、法庭上的说话会影响最终的判决结果，所以说话态度是谨慎而理智的。而在私下，没有其他人在场时，对白的设计会更加随意一些，所以同一意思在不同环境有不同的说法。

④注意说话的处境。角色处于刻不容缓、千钧一发时的对白与悠闲自得、安若泰山时的对白也是完全不同的。这时候要注意对白的节奏，刻不容缓时的节奏偏快，悠闲自得时的节奏偏慢。

（2）话中有剧

生活中所说的话，所听的话很杂乱，戏剧中的对话不能杂乱，因为戏剧是浓缩的艺术。戏剧中的对话主要有两大功能：一是描写人物的性格；二是推动剧情发展。根据两大功能所设计的对白，既可描绘性格，也可推动剧情，有“一石二鸟”的作用。只要满足其中一项功能，便起到了对白的作用；反之，若对白中没有上述功能，便大可以删除了。人物性格之间产生矛盾，做成冲突之后，剧情便顺利发生。剧情发生的同时，直接、间接参与剧情的人物会有“反应”。这种“反应”就诉之于戏剧动作和语言了。所以，“活”的对白、富有戏剧性的对白都是从戏剧冲突中迸发出来，是从人物心理抒发出来的。有此情，有此景，才有此“话”，有此“话”，就有此“答”。

对答、说话、争辩、解释、协调、说明、责备等等语态，须带动剧情，把剧力（冲突）发展下去才算是戏剧的语言。茫茫头绪，四处找寻写什么对白，是舍本逐末的办法。解决剧情应如何进展，如何使剧力上升，再契合人物性格，对白便油然而生。

（3）语言精练

对比日常生活的语言，剧中的对白要达到简洁、精炼。因为日常生活的对话不受限于时间、地点，更不需要多么生动有趣，使之达到一个高潮点。而在戏剧中，受时间以及观赏性的限制，需要把时间和空间压缩，只让观众看最有戏剧性的部分，也是最有趣的部分。因此，连带戏剧语言必须是“必定的存在原因”才存在的，这就是简洁化。同一句话，有不同的表达方式，相当于同一事情，都有不同的表现方式，编剧要选择最有剧力、最少误会、最易引人注意、最丰富感情的方式来说话。

（4）含蓄

含蓄是精炼的深一层、纵一面的发展，是戏剧语言的一种技能。对白贵乎有“弦外之音”，贵乎“不一览无遗”，贵乎“曲径通幽”，贵乎“似隐似现”。

含蓄的语言，也来自生活。与人交谈，句句平铺直叙，则过于乏味。文字与语言有一种魅力，让读者观众可由一言一语中“心领神会”内在的意思。

当观众融入剧中、认同剧中角色性格时，他们此时的思想便会与剧中角色一般。观众设身处地，想象自己就是剧中人，在此情此景中了解剧情，感受情感，处于“入戏”的状态下。而这时，含蓄的对白会发生奥妙的作用。

第二篇
专业核心知识

第 5 章

互联网营销工作准备

知识目标

1. 了解建立第三方资源库的方法；
2. 明晰投入产出比的测算方法；
3. 熟知直播设备、道具等的选择标准。

技能目标

1. 能自主选择直播的设备、软件等，能制订道具采购计划，并且制定合理有序的出入库管理制度；
2. 能制定风险管理奖惩制度，能评估风险防控方案的时效性。

职业素养

1. 严格遵守职业规范和企业制度，决不泄露企业机密；
2. 克服自私心理，树立节约意识。

5.1 宣传准备

5.1.1 第三方资源库的建立方法

（1）开发

供应商开发具体包括以下几个步骤：

①先对自己的产品设计和要求有个详细的了解。比如产品成本的基本构成、设计要求、功能、使用范围、用途、项目周期、数量和研发周期表、主要负责的技术主管人员等，只有对自身产品的信息有充分的了解才有可能找到合适的优质供应商。否则，供应商开发将会变得低效、拖沓，甚至充满商业风险。

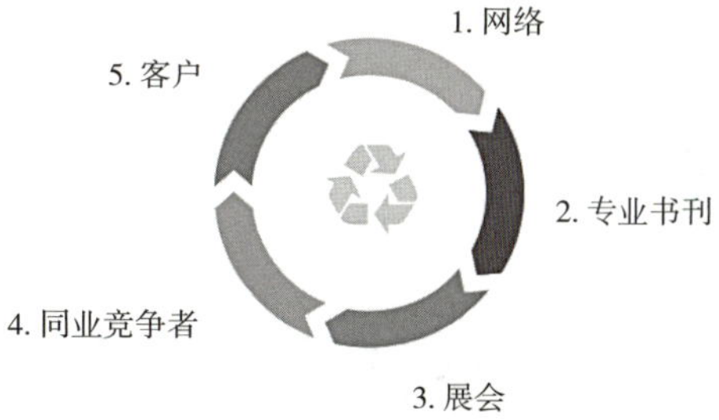

图5-1　供应商信息渠道

②通过网络、专业书刊、展会、同业竞争者、客户等渠道充分调查潜在供应商的信息，如图5-1所示。一般来说，网络搜索引擎是一个便捷地获取供应商信息的工具，其次是一些专业的B2B（Business-to-Business企业与企业之间的营销关系）网站和专业展会信息；另外，竞争客户的产品供应商也可以成为自己的备选。

③初步筛选。在获取充足的供应商的信息后，就要进行供应商的初步筛选。首先，要对供应商进行基本的调查审核，调查内容涉及企业的一些基本信息（如产品、工厂概况、基本的客户群、行业的地位等），获取办法一般是通过网络搜集、同业竞争者信息、面谈等形式。其次，如果时间和成本允许，可以安排合适时间进行现场访问调查，现场调查将有利于掌握被调查供应商的实际情况，避免被错误信息引导，减少商业风险。

④现场调查。要着重了解企业的产品类型、客户群、产能、现场的管理状态、工程可靠性测试能力、企业认证等。在做完调查后，可以签署一个保密协议，然后释放企业的真实产品需求，要求供应商报价，报价要求应包含付款条款、送货条款、交货周期等基本信息，同时可要求供应商按照需求量做阶梯式报价，这样更有利于企业在未来根据需求变化降低采购成本。

⑤在评估完报价后，就进入样品准备阶段。然后和工程团队一起评估样品的可靠性和功能是否满足产品设计要求，期间可能涉及一些工程变更及其导致的成本变化，要密切关注样品评估和产品设计变更的情况，只有这样才能保证供应商开发的顺利进行。

（2）引入

根据统计的供应商的原始资料信息及其他基本信息建立第三方资源库数据，如表5-1所示。

表5-1　供应商资料库

序号	供应商编号	供应商名称	商品名称	型号规格	报价	报价日期

（3）管理

在公平、公正、公开的原则上，能够及时、准确和全面地识别供应商在产品协同开发项目中的综合绩效表现，推进供方技术、质量、成本、交付期、服务指标的实现；通过5个方面进行评审，并根据设置的不同权重进行评分及表现，输出详细的供应商审核报告，见表5–2。

表5-2　供应商审核报告

供应商名称：×××有限公司　　　　审核日期：2023年×月×日

审核产品：××

审核项目	权重	应得分	实得分	备注
质量	25%	120	101	单项得分；实际得分；应得分
成本	20%	100	91	
技术开发能力	25%			
开发周期	20%			
配合及服务	10%			

5.1.2　投入产出比的测算方法

投入产出比（也称投入产出率，英文缩写：ROI），是指项目全部投资与运行寿命期内产出的工业增加值总和之比。它适用于科技项目、技术改造项目和设备更新项目的经济效果评价指标，其值越小，表明经济效果越好。

（1）概念内涵

很多投资决策机构和决策者在使用“投入产出比”时，把它的含义理解为“项目投入资金与产出资金之比，即项目投入1个单位资金能产出多少单位资金”。其数量常用“1：N”的形式表达，N值越大，经济效果越好。

（2）测算方法

投入的计算期是指项目的建设期（或改造期），这一点没有疑义。而产出的计算期却有两种观点。一种观点认为，“产出”计为项目投产后达到正常产量时的一年收益或净收益；另一种观点认为，“产出”应计为项目全部运行寿命期内收益或净收益的总和。显然，后一种观念是符合“投入产出比”内涵的。因为不同项目的运行寿命期有长有短，只用一年的收益或净收益是不能表明其收益水平的。

“投入产出比”中的“投入”是指项目全部静态投资额；“产出”是指项目全部运行寿命期内各年增加值的总和。用公式表示就是：R = K/IN = 1/N。

上式中，K为投资总额，IN为项目运行寿命期内各年增加值的总和，N = IN/K，N值越大，项目经济性越好。

（3）投入产出比的比例

投入产出比作为对经济效果的评价指标之一，它的基准比例又是多少呢？一般来说基准投入产出比为1∶3，如果是小型项目可以略低一些，大型项目则可以略高一些。

（4）投入产出表

投入产出分析是通过编制投入产出表来实现的。投入产出表有实物和价值两种形式：

①实物表。称综合，按实物单位计量，主栏就是投入栏，主要是物质消耗，宾栏是产出栏，主要包括中间产品和最终产品。

A.“资源”。反映各种产品的来源，如年初库存（或储备）、当年生产、进口和其他来源。

B.“中间产品”。这一部分的项数、所列产品名称、排列都和主栏相同顺序，形成一个棋盘式平衡表。

C.“最终产品”。分别列出固定资产的更新、改造、大修，年末库存（或储备），集体消费，个人消费和出口。这种平衡表的另一种形式，是去掉“资源”部分，将它与“最终产品”部分的有关项目合并，如将年初库存（或储备）与年末库存（或储备）合并成为库存（或储备）变化差额，将进口与出口合并成为进出口差额，列入“最终产品”部分。

数量关系为：中间产品+最终产品=总产品；如表5-3所示。

表5-3　投入产出表

投入	产出		
	中间产品	最终产品	总产品
物质消耗	（Xij）	Y	X
新创造价值	N		
总投入	X		

实物表包括两个基本部分：第一部分反映产品之间在生产消耗上的相互联系，称部门间中间产品流量矩阵；第二部分反映各部门产品中用于固定资产的更新、大修、储备、消费和净出口的数量，称最终产品象限。

实物表是一张棋盘式的表格，且第一部分的主栏和宾栏的栏目名称、排列次序完全相同，这就使得表中每一个数字都具有双重意义。从横行看，它表示主栏产品分配给宾栏产品作劳动对象的数量；从纵列看，则表示宾栏产品消耗主栏产品的数量。

②价值表。价值表是按纯部门编制的。纯部门是指由生产工艺、消耗构成、产品用途基

本相同的产品所构成的部门。

投入产出分析表可以从横行和纵列两个方向进行考察，横行从使用价值的角度反映各部门产品的分配使用情况分为第一、第二两个部分；纵列反映部门产品的价值形成，分为第一、第三部分。第四部分反映非生产部门和个人通过国民收入再分配所得到的收入，一般不编入这一部分，见表5–4。

表5–4　投入产出表

投入	产出		
	中间产品	最终产品	总计（单位：万元）
部门1	部门1……部门n 合计	积累消费合计	
……			
部门n	第一部分	第二部分	
合计			
劳动报酬			
剩余产品	第三部分	第四部分	
合计			
总计			

5.2 设备、软件和材料准备

5.2.1 出入库管理制度的建立办法

（1）入库制度

入库制度包括以下几个方面：

①物品采购回来后首先要办理入库手续，仓库保管员需凭发票凭证逐件认真清点所要入库物品的数量，并检查物品的规格、质量，做到数量、规格、品种、价格准确无误，质量完好，配套齐全，然后在接收单上签字（或者在入库登记簿上共同签字确认）。

②保管员对库存物品要分类存放，堆放整齐，设立库存物品卡片，表明库存物品的名称、类别、数量、存放位置，经常核对账务卡是否相对并做记录。

③对易燃易爆、危险品、腐蚀性物品做到单独存放无安全隐患；对精密、易碎及贵重货物要轻拿轻放，严禁挤压、碰撞、倒置，要做到妥善保存，其中贵重物品应放入企业内小仓库保存，以防盗窃。

④做好防火、防盗、防潮工作，严禁与企业无关的人员进入仓库。并保持仓库通风，库

室内整洁卫生。

⑤保管员要对库存物资定期（一月一次）进行盘点，保证账、物相符无误，并做好盘点记录。

（2）出库制度

出库制度包括以下几个方面：

①物品出库需有主管领导批准的出库单方可领取，保管员要做好记录，并让领用人签名。

②保管员要将所有出库单按月装订成册，以便追究责任。

③保管员要做好出库登记，并定期向主管部门做出入库报告。

④物品或材料不能不经保管员就直接出库，如特殊情况急用，必须经过相关领导批准方可领取。

（3）考核方法

针对上述制度，对库房保管员和分管领导进行考核，具体由考核办负责考核，参考办法如下：

①若购回的物品与发票的数量、规格不符，给予入库，扣保管员3分，分管领导5分。

②若保管员未对采购回的物品建立台账（登记簿）或者记录模糊不清，扣保管员3分，分管领导5分。

③若经检查保管员对物品未进行分类存放，室内卫生差，视情节轻重扣保管员3～5分，分管领导5~10分。

④若保管员每月未对库存物品进行盘点或盘点无记录，扣保管员3分，分管领导5分。

⑤若发现保管员在领用物品时未办理出库手续，扣保管员3分。

⑥若发现物品或材料未经保管员出库，也未经分管领导批准，扣相关负责人5分。

⑦具体的出入库管理制度考核表，可参考表5-5。

表5-5　出入库管理制度考核表

序号	考核内容	负责人	分值	得分	备注
1	若购回的物品与发票的数量、规格不符，给予入库	分管领导	5		
		保管员	3		
2	若保管员未对采购回的物品建立台账（登记簿）或者记录模糊不清	分管领导	5		
		保管员	3		
3	若经检查保管员对物品未进行分类存放，室内卫生差，视情节轻重	分管领导	5		
		保管员	3		
4	若保管员每月未对库存物品进行盘点或盘点无记录	分管领导	5		
		保管员	3		
5	若发现保管员在领用物品时未办理出库手续	保管员	3		
6	若发现物品或材料未经保管员出库，也未经分管领导批准	相关责任人	5		

5.2.2　设备采购要求

直播还需要有各种硬件设备的支持。包括摄像头的选择、灯光效果的调试、背景的设置以及网络环境的搭建等。接下来主要介绍直播间的设备准备以及环境的搭建，帮助新人主播打造一个完美的直播间。

5.2.2.1 直播摄像头的选择

想要进行直播，摄像头是必不可少的，而摄像头的功能参数直接决定了直播画面的清晰度，影响到直播效果和受众的观看体验。那么，该如何选择一款合适的摄像头呢？在选择摄像头时，主要考虑以下两个因素：

①摄像头的功能参数。参数越高，输出的视频分辨率就越高，呈现的视频画质也就越清晰。

②摄像头的价格。对于大多数的人来说，购买任何东西都有预算，这时一般选择性价比较高的产品。

5.2.2.2 直播间的灯光效果

有了摄像头之后，接下来是打造一个漂亮的直播环境，说到直播环境，就不得不提到直播间的灯光效果设置，这是打造直播环境的重中之重，灯光的设置直接影响到主播的外观形象。摄影是用光的艺术，直播也是如此。直播，就是通过摄像头将内容画面或自己的影像传递给屏幕前的受众。为什么有的主播看上去明亮耀眼，而有的则暗淡无光呢？这就是灯光所造成的不同效果。对于主播而言，上镜效果非常重要。直播间的灯光类型主要分为5种，其作用如表5–6所示。

表5–6 直播间的灯光类型及其作用

灯光类型	作用
主光	映射主播外观的主要光线，是主要的照明灯光
辅助光	用于辅助主光的灯光，增加直播间整体的立体感
轮廓光	放置在主播身后的位置，可以勾勒出主播的轮廓
顶光	从头顶照射的主光线，用于给背景和地面增加亮度
背景光	主要是为直播间背景照明的光线，可以加强场景的氛围

了解直播间的5种灯光类型之后，下面详细讲解一下每种灯光的设置和摆放，通过不同的角度和不同的灯光搭配制造出不同的环境效果。

（1）主光

主光灯须放在主播的正面位置，且与摄像头镜头光轴的夹角不能超过15°。这样能让照射的光线充足而均匀，使主播的脸部看起来很柔和，起到美颜效果。但是这种灯光设置也有不足之处，那就是没有阴影效果，会使画面看上去缺乏层次感，参考图5–2。

（2）辅助光

辅助光宜从主播的左右两侧与主光呈90°夹角摆放。当然，还有一种更好的设置方法，就是将辅助光放置在主播左前方45°或右后方45°进行照射。

这样可以使主播的面部轮廓产生阴影，并产生强烈的色彩反差，有利于打造主播外观的立体质感。需要注意的是，灯光对比度的调节要适度，防止面部过度曝光或局部太暗的情况发生，参考图5–3。

图5–2　主光

图5–3　辅助光

（3）轮廓光

轮廓光要放置在主播的后面，以便形成逆光效果，这样做不仅能够让主播的面部轮廓分明，还可以突出主播的主体作用。

在使用轮廓光的时候必须要注意把握光线亮度的调节，因为光线亮度太大可能会导致主播主体部分过于黑暗，同时摄像头入光也会产生耀光的情况，参考图5–4。

（4）顶光

顶光是从主播头顶照射下来的主光线，其作用在于给背景和地面增加亮度，从而产生厚重的投影效果，有利于塑造面部轮廓，起到瘦脸的功效。但要注意顶光的位置离主播尽量不要超过2米。另外，这种灯光也有缺点，容易使眼睛和鼻子的下方形成阴影，影响美观，参考图5–5。

（5）背景光

背景光的作用是烘托主体，为主播的周围环境和背景照明，营造各种环境气氛和光线效果。在布置的过程中需要注意，由于背景光的灯光效果是均匀的，所以应该采取低亮度、多数量的方法进行，参考图5–6。

图5–4　轮廓光

图5–5　顶光

图5–6　背景光

以上5种灯光效果是打造直播环境必不可少的，每种灯光都有各自的优势和不足，直播间还需要进行不同的灯光组合来取长补短。灯光效果的调试是一个比较漫长的过程，需要有耐心才能找到适合自己的效果。

5.2.2.3　直播间的声卡选购

直播实际上是一种视频和音频的输出，视频的输出靠的是高清摄像头，而音频的输出得靠声卡和传声器（麦克风），这些是直播设备的核心硬件。所以，不仅要选择一个好的摄像头，选择一款好的声卡也尤为重要。声卡主要分为内置声卡和外置声卡两种类型。

（1）内置声卡

内置声卡，顾名思义就是集成在台式电脑或笔记本主板上的声卡，现在人们新买的电脑都会预装内置声卡，只需要安装对应的声卡驱动就能正常运行。

（2）外置声卡外

外置声卡需要通过USB接口和数据线连接在笔记本或台式电脑上，然后安装单独的驱动（有些外置声卡插入即可使用），最后将内置声卡禁用，选择新安装的外置声卡为默认音频设备即可。

内置声卡和外置声卡的区别较大，主要体现在安装方式、功能用途和价格定位3个方面。

表5-7　内置声卡和外置声卡的区别

表现形式	声卡的区别
安装方式	内置声卡是集成在电脑主板上的，而外置声卡则需要通过USB接口连接
功能用途	内置声卡的功能有限，一般用来听音乐和看电影，而外置声卡的功能比较丰富
价格定位	内置声卡一般是设备自带，而外置声卡由于需要单独购买，所以价格比较昂贵

和摄像头的选择一样，声卡的选购同样也要考虑其性价比。如果预算充足，可以选择自己喜欢的声卡款式，以便设置最佳的直播音效。

5.2.2.4　直播间麦克风的选择

麦克风俗称“话筒”，主要分为电动麦克风和电容麦克风两种，而电动麦克风又以动圈麦克风为主。还有一种特殊的麦克风，就是电视上或者活动会议上常见的耳麦，耳麦是耳机与麦克风的结合体。动圈麦克风和电容麦克风各自的区别和特点如表5-8所示。

表5-8　动圈麦和电容麦的区别和特点

类型	麦克风的区别和特点
动圈麦克风	利用电磁感应原理做成的麦克风，无需直流工作电压。特点是音质浑厚饱满，耐摔抗噪；缺点是清晰度、灵敏度低，频率响应窄
电容麦克风	需要外部电源供电的麦克风，特点是清晰度和灵敏度高，瞬时响应快、具有极宽的频率响应；缺点是不耐摔、怕潮，不适合高噪声场所

大多数主播的直播麦克风都是电容麦，电容麦的质量和体验决定了主播直播间的音质，从而影响到直播的整体效果。

5.2.2.5　电脑和手机的选购

目前比较常见的直播的方式有两种：一种是用台式电脑或者笔记本进行直播；另一种是利用手机进行直播。这两种方式各有利弊。

（1）电脑

采用的直播设备一般是台式电脑或笔记本电脑，直播对于设备的配置要求比较高，高性能的电脑与主播直播的体验是成正比的。

①CPU处理器。CPU的性能对电脑的程序处理速度来说至关重要，CPU的性能越高，电脑的运行速度也就越快，所以CPU的选择很重要。一般来说，选择i5或i7以上的处理器比较好。

②运行内存条。内存条的选择和CPU一样，尽量选择容量大的，因为运行内存的容量越大，电脑文件的运行速度也就相应越快。对于直播的需求来说，电脑内存容量不能低于8GB。

③硬盘类型。现在市面比较常用的硬盘类型有两种：一种是机械硬盘；另一种是固态硬盘。两种硬盘的优缺点如表5-9所示。

表5-9　机械硬盘和固态硬盘的比较

类型	硬盘的优缺点
机械硬盘	机械硬盘的优点是容量大，使用寿命长，价格便宜；缺点是运行速度较慢
固态硬盘	固态硬盘的优点是响应速度非常快；缺点是价格比较昂贵，易损坏

随着科技的不断进步，固态硬盘的生产技术越来越成熟，这也导致其销售价格不断降低，但其容量在不断扩大，所以不用担心选购固态硬盘的成本预算。

④显卡。体现电脑性能的另一个关键配件是显卡，显卡配置参数会影响电脑的图形处理能力，特别是在运行大型游戏以及专业视频处理软件时，显卡的性能就显得尤为重要。电脑显卡对直播效果也有一定的影响，所以尽量选择高性能的显卡。笔记本和台式电脑相比，具有体积小、携带方便的特点。

（2）手机

随着移动通信技术的不断进步，5G时代的到来，手机的网速也越来越快，这为手机直播的发展提供了必要的前提条件。

与电脑直播相比，手机直播更加简单和方便，只需要一台手机，然后安装一款直播平台的App软件，再配上一副耳机即可。当然，为了直播效果，也可以增加一个支架固定。手机直播多用于那些把直播当作一种生活娱乐方式或者刚进入直播行业的主播，手机的功能毕竟没有电脑强大，有些专业的直播操作和功能在手机上是无法实现的。虽然如此，手机设备的选购也是需要用心考虑和比较。手机的选购和电脑一样，也要注意配置参数，然后在预算范围内选择一款自己喜欢的手机即可。

以上就是关于电脑和手机的介绍以及选购推荐，其实不管用什么设备进行直播，只要能为受众创造出优质且有趣的直播内容，就能成为一名优秀的主播。

5.2.2.6 直播间的其他设备

除了摄像头、灯光、声卡、麦克风以及电脑和手机这些主要的直播设备之外，直播间还有一些其他设备需要考虑到，比如网络宽带、手机或麦克风支架、监听耳机等。

（1）网络宽带

直播主要是通过互联网与受众建立沟通与联系，特别是对于专业主播来说，必须在直播的地方安装一个网速足够的宽带，直播对于流量的消耗是巨大的，建议在有Wi-Fi的环境下进行，仅用流量的话，成本较高。宽带网速和套餐的选择，最好选择50兆以上的宽带套餐。

直播间的网络状况好坏决定了直播能否顺利进行，如果宽带网速较慢，就会造成直播画面延迟和卡顿，不仅会严重影响主播的直播进程，而且会大大降低受众的观看体验，导致受众中途离去，造成直播间人气波动。

（2）直播支架

不管是用电脑直播还是用手机直播，主播都不可能长时间用手拿着电容麦克风或手机。这时候就需要用支架固定，这样主播便能更加轻松愉快地进行直播。直播支架非常实用和方便，在主流电商平台购买即可，价格也很实惠。

（3）监听耳机

主播为了随时关注自己直播的效果，需要用到监听耳机，以便对直播的内容进行优化和调整。监听耳机是指没有加过音色渲染的耳机，可以听到接近真实的、未加任何修饰的音质，它被广泛应用于各个领域，如录音棚、配音室、电视台以及MIDI工作室（MIDI是一个容许电子乐器、计算机、手机或其他的舞台演出配备彼此连接、调整和同步的音乐数字接口，可以即时交换演奏数据）。

监听耳机主要具备两个特点：一是频率响应足够宽、速度快，保证在监听的频带范围内信号失真尽量小，具有还原监听对象声音特点的能力；二是坚固耐用，便于维修和保养。监听耳机和普通耳机的区别如表5-10所示。

表5-10 监听耳机和普通耳机的区别

类型	区别
监听耳机	• 监听耳机由于没有经过音色渲染，所以对声音的还原度高，保真性好 • 监听耳机能有效隔离外部杂音，听到清晰准确的声音，隔音效果比较好 • 监听耳机主要用于现场返送、缩混监听、广播监听、扩声监听、专用监听的场景中，以提高声音的辨识度 • 监听耳机为了声音的保真性，制作材质普遍较硬，所以佩戴舒适度一般

续表

类型	区别
普通耳机	• 普通耳机一般是加过音色渲染和美化的，所以声音听起来会比较好听 • 普通耳机的封闭性一般，经常会出现漏音和外界杂音渗入的情况 • 普通耳机一般用于听音乐、看电影、玩游戏等娱乐方面 • 普通耳机的质量较轻，设计也符合人体结构学，佩戴比较舒适

监听耳机的选购可以在主流电商平台搜索相应的关键词，选择自己喜欢或者合适的产品即可。

5.2.3 道具采购要求

齐全的直播设备和氛围有助于提升直播质量，给用户优质的观看体验。常见的直播间道具有以下6种。

5.2.3.1 小黑板（或白板）

（1）小黑板的作用

①产品信息：小黑板上展示的产品信息包括产品的外形、成分、价格、效果、适用的人群，这样对比效果非常明显，观众一看就知道哪一款最适合自己，如图5–7所示。

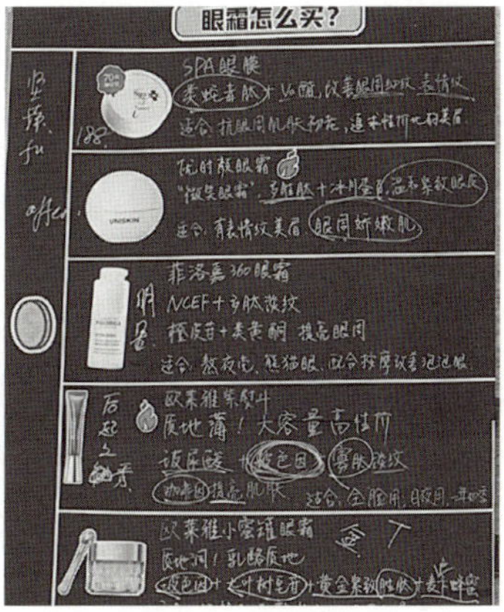

图5–7　产品信息

②主播个人信息、尺码推荐：小黑板的作用在这里就发生了变化，可以在小黑板上写上主播个人的基本信息，例如身高、体重、三围等比较常问的问题。除了能写上主播的信息，也能写上产品的信息，例如服饰类的，可以在小黑板上写上尺码推荐，给观众看到对应码数的体重范围，如图5–8所示。

③优惠、福利信息：为了吸引观众，延长观众在直播间的停留时长，增加用户的黏性，并且让观众充分了解店铺的活动和优惠，可以把店铺的一些比较大的直播优惠、福利信息写在小黑板上，让观众看一眼就能明白，如图5–9所示。

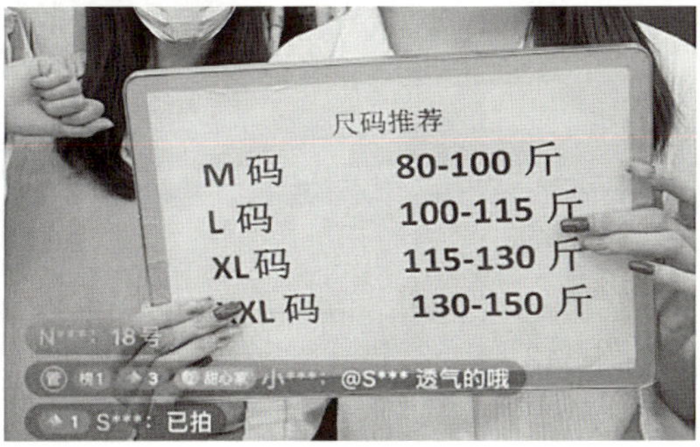

图5–8　尺码推荐

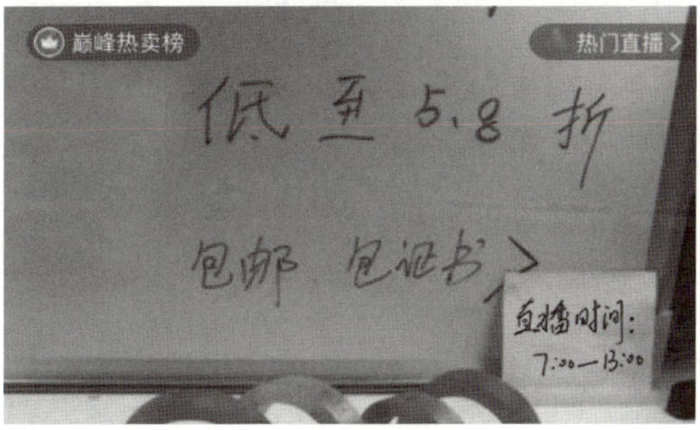

图5–9　优惠、福利信息

④直播预告：遇到一些重大的节日或大型的促销活动之前，需要做预热活动。这个时候可以提前在直播间预告一下活动，把活动主题或者直播预告写在小黑板上。

图5-10　磁性白板

（2）小黑板的选择

直播间的小黑板，要根据直播的需求及目的来选择，大多数情况下，如果只是利用小黑板来写一些主播个人信息、尺码推荐，或者优惠、福利信息以及一些直播预告，不用选择太大的黑板，20厘米 × 30厘米左右大小的磁性白板即可，既能够将关键信息写上，直播间画面也能够放得下，不需占据太多位置，方便主播在直播间讲解的时候随时亮出关键信息来引导客户下单，参考图5-10。

如果想利用直播间的小黑板来详细讲解产品的知识点，建议选择大型的支架式小黑板，大小在50厘米 × 70厘米左右。方便书写更多内容，列举出产品的特性来做比较，方便用户对比，参考图5-11。

图5-11　支架式小黑板

5.2.3.2　电子屏幕

像学科培训、知识类的直播间运用到电子屏幕的机会比较多。这种类型的直播间更像是一个小课堂，而主播的角色更倾向于一个传授知识的老师，而观众就是学生。可以把课堂上的重点、知识点都写在小黑板上，知识的交流互动就这样产生了。

这样的形式有两个好处：一是有助于建立一个专业的形象，有利于主播IP（Intellectual Property，知识产权）的打造；二是把知识点都写在黑板上看起来层次清晰，内容讲解起来也会显得有条不紊，如图5-12所示。

图5-12　电子屏幕

电子屏幕的选择：现在市面上的电子屏幕价格参差不齐，可以根据自己的直播需求来选择，比如做知识类、学科类培训，需要有白板书写功能，能写批注为上选，那么就需要选购触摸式的电子屏幕，可以用白板书写，具有在任意界面批注的功能，也可在多种应用上书写、擦除等，实现直播教学重点批注。

5.2.3.3　计算器

在直播卖货时，主播经常会以打折的方式来促进消费者下单，当需要讲解价格优势、展示打折力度大的时候，计算器就会发挥作用。与单纯的口头表达相比，消费者更愿意相信计算器呈现的数字，另外，计算器的声音外放会更有说服力。

计算器的选择：对于直播间使用的计算器没有太高的要求，市面上大多数的计算器都符合要求，建议尽量选择屏幕比较大一点的计算器，按键声音也比较大，同时具有语音播报功能。这样能够给到用户一种催促的感觉，有利于让用户下单。

5.2.3.4　闹钟

直播卖货的优惠方式不仅仅有打折商品，还有秒杀商品，这时候直播间出现一个闹钟，并进行秒杀倒计时，会给消费者营造紧迫的气氛，更容易达成交易。

闹钟的选择：可以选择刻度标识清晰明了的闹钟，随着时间变化转动，清晰醒目，有利于主播掌握直播的时间及节奏，另外一点就是要闹钟声响比较大，响铃提示声比较大才有紧迫感。

5.2.3.5　KT板

（1）KT板的作用

①展示优惠：直播间KT板主要用于突出商品的优惠活动和价格优势，其中，KT板上的文字建议用醒目的颜色来标示，字体越大越好，如图5-13所示。

②产品尺码：写上尺码推荐能够给观众一个直观的感受和参考，所以在协助、引导用户下单这方面，KT板也起到了非常重要的作用，如图5-14所示。

③活跃气氛，引导关注：直播间的KT板也可以做成小巧的指引牌，既能够活跃直播间气氛，也可以灵活地利用指引牌来引导关注，如图5-15所示。

（2）KT板的选择

不同的直播间有不同的直播模式，制造氛围的道具可以适当用起来，让老用户有对比心态。这些道具也能够吸引住用户，引导用户下单。

图5-13　展示优惠

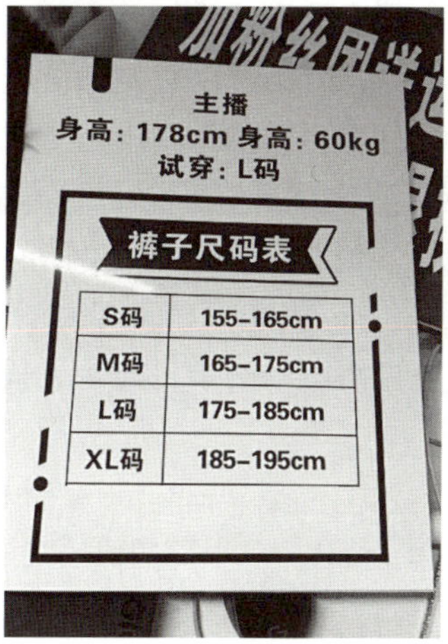

图5-14　产品尺码

图5-15　活跃气氛，引导关注

5.2.3.6 玩具

有些直播间会在直播时放置一些大型的玩具或者一些精致的公仔，来吸引观众的眼球，并且起到装饰直播间的效果，如图5-16所示。

玩具的选择也可以根据主播个人直播的风格及直播间的装饰来选择，建议选择一些能够给人留下深刻印象，又有利于主播人设打造的一些道具。

图5-16 玩具

5.2.4 设备检测的相关知识

好的直播设备是确保直播画面清晰、直播内容稳定生成的前提，在直播筹备阶段，直播团队需要对手机、摄像头等设备，以及直播平台、直播软件进行反复调试，以达到预期状态。

5.2.4.1 直播硬件的配置

目前，直播的主流设备是手机。直播团队只需要在手机上安装直播软件，通过手机摄像头即可进行直播。使用手机进行直播，需要准备至少两台手机，并且在两台手机上同时登录直播账号，以备不时之需。不过，受手机电池电量、网络信号等因素的制约，直播团队使用手机进行直播时，还需要借助以下辅助设备进行优化。

（1）电源

直播团队利用手机进行移动直播，是对手机电池续航能力的考验。在进行正式直播前，可以先进行直播测试，衡量某段时间的直播所消耗的手机电量，然后再根据直播间的情况，准备合适的电源。携带便捷的移动充电宝是手机直播时的必备电源，可以保障直播不因手机电量不足而中断。在条件允许的情况下，也可以准备插线板，在直播过程中对手机进行快速充电。

（2）无线网络

无线网络的速度直接影响直播画面质量及用户的观看体验。直播团队在室内直播时，若室内有无线网络且连接设备较少，网络速度较快，可以选择使用室内的无线网络进行直播。在正式直播前，直播团队要对直播所用的手机进行测试，当无线网络不能满足直播需要时，要提前发现并解决网络问题。直播团队在户外进行直播时，无线网络往往无法满足直播需求。此时，直播团队需要使用“流量卡”来满足网络需求。“流量卡”与手机卡相似，直播团队可以直接将其插入手机使用；或购买移动Wi-Fi，把“流量卡”插入“移动Wi-Fi”设备中，发射无线网络热点，将直播所用的手机连接无线网络热点后，即可进行直播。

（3）支架

直播团队在直播的过程中，无论是对于摄像机还是手机，都需要对其摆放的位置和角度进行调整，并尽可能地减少直播画面的抖动，以达到较好的直播画面效果。直播团队要想实现这些效果，就需要使用支架。直播支架包含固定机位直播支架和移动机位防抖直播支架两种。

①固定机位直播支架。固定机位直播支架包含单台手机支架和多台手机支架。使用单台手机直播时，可以使用如三脚架、懒人手机支架；使用多台手机直播时，可以使用多平台直播支架，多平台直播支架可支持5台以上手机同时直播。

②移动机位防抖直播支架。移动机位防抖直播支架包括手持手机稳定器和手机防抖云台。随着直播行业的发展，直播团队在市场上可以购买到的支架，除了可以满足以上基本功能外，还具备了很多其他功能，如补光、美颜等，可以满足直播团队不同的需求。

（4）补光灯

很多主播会使用手机的前置摄像头进行直播。在暗光环境下使用手机的前置摄像头进行直播，可能会影响直播画面效果。因此，主播会用到补光灯。主播可以使用支持冷光和暖光两用类型的补光灯，同时打开冷光和暖光，避免因冷光造成的皮肤过白或因暖光造成的皮肤过黄的现象。直播所用的补光灯非常小巧，方便携带使用；而自带电源的补光灯可以免电源驱动，使用更加便捷。不过，直播所用的补光灯并非专业设备，补光范围仅限1米左右，直播团队在为大型的直播活动进行补光时，还需使用专业补光灯。

（5）收音设备

即便是在安静的环境下，手机距离主播越远，手机的收音效果也会越差；如果是在嘈杂的环境下，主播距离手机1米以上就需要借助外接收音设备辅助收音。收音设备主要分为两种：一种是蓝牙耳机，主播可以使用蓝牙耳机进行辅助收音；另一种是带线耳机，适合主播对多人进行采访时使用。

（6）提词器

直播活动的即时性，要求主播在直播过程中不能出现任何差错及穿帮行为。而一场直播内容较多，主播需要讲述的内容也很多，不提前准备提词内容很可能会在直播中遗漏关键信息。提词内容包括商品关键信息、抽奖信息、后续活动信息等。这时主播需要使用提词器。提词器的工作原理是通过一个高亮度的显示器来显示文稿内容，并将显示器上的内容反射到摄像机镜头前一块呈45°的专用镀膜玻璃上，从而让主播在看文稿内容的同时，也能面对摄像头。

一般情况下，提词器中显示的内容是主播在直播中需要讲述的内容，包括商品名字、商品构成成分、用户人群、优惠活动、抽奖规则等。在直播过程中，直播团队的其他成员可能还需要为主播临时传达某些信息。此时，就需要另外一种提词工具——手写板。手写板的尺寸不宜过大，不要出现在直播画面中，其用途是为了在直播过程中，当直播团队的其他成员需要与主播进行场外沟通而又不方便出现在直播画面中时，可以将沟通内容通过手写板向主播传达。

（7）相机

直播结束后，直播团队开展后期宣传需要高清大图，因此需要使用专业相机进行拍照。使用专业相机可以对现场进行视频录制，从而为后期宣传提供资料。一般情况下，推荐使用单反相机。直播团队若需要录制视频并进行后期剪辑，则至少需要两台单反相机，一台用于固定机位全程录制，另一台用于移动机位随机录制和拍照。

5.2.4.2 直播软件的调试

（1）直播平台设置

未经设置的直播间，用户在进入直播间后可能无法直观地了解直播内容，很容易造成用户的流失。为了提升用户的留存率、减少现场跳出率，在选择直播间类别后，直播团队需要对直播封面、直播第一幕画面进行设置，以满足直播需求。

①直播封面。直播封面是用户进入直播间之前了解直播内容的窗口，好的直播封面可以提升直播间关注度。直播封面中的信息包括直播主题、直播时间、直播商品名、主播信息等，直播团队具体可以根据直播平台规则及活动需求进行设置，以达到能够让用户准确地抓住直播核心信息的目的。

②直播第一幕画面。直播团队应确保直播封面与直播第一幕画面的相关性，防止用户看到直播封面进入直播间后发现内容与直播封面不相关而产生心理落差。直播第一幕画面尤为重要，直播团队要避免在直播前几分钟总是显示与内容无关或不和谐的杂乱画面。确保直播封面与直播第一幕画面的相关性，其中包含主播妆容与穿衣风格保持一致，直播封面的色调与直播场地装修色调保持一致。

（2）直播App的测试

在直播开始之前，直播团队需要对直播App进行反复测试，确保熟练操作，不发生操作失误。

直播App的测试主要由两部分组成：一是主播视角，主播应熟悉直播开始方法、镜头切换方法、声音调整方法等操作；二是用户视角，主播需要以用户身份注册直播账号，进入直播间观看，从普通用户的角度观察直播画面，如果发现问题需要及时优化。

主播视角的测试包括许多操作，如直播间介绍、直播封面设置、直播预告、录制权限设置、直播间送礼等付费功能的开启或关闭、直播可见范围设置、语音评论权限设置、敏感词设置、管理员设置、红包发放权限设置、观众匿名设置等，这些功能都需要主播在开播前按需设置完成。

用户视角的测试比较简单，主播进入直播间后可以查看直播画面、声音、弹幕等情况，确定都没有问题后，即可完成测试，具体可参考表5–11。

表5–11 直播前注意事项确认表

时间	项目	注意事项	是/否	其他备注
开播前一天设备调试	机位的设置	在直播过程中，有时需要全景画面，有时需要近景画面，有时需要特写画面，为了保障画面的成像效果，直播运营团队需要设置多机位。一般来说，直播间设置的机位主要有以下3种： ①商品特写机位：以特写镜头展示商品细节 ②主播的中、远景机位：塑造商品的使用场景，让用户了解商品全貌，为用户营造代入感 ③主播的近景机位：拍摄主播的脸部、手部等位置，展示商品的使用过程		
	网络测试	测试网络的稳定性和网络传输速度		

续表

时间	项目	注意事项	是/否	其他备注
开播前一天设备调试	直播间测试	测试直播间的进入渠道、直播画面的清晰度、声音采集效果等		
	线缆的链接与归置	确保网线、电源线等各个设备的线缆正常连接，并将线缆归置好，以免给人员行动造成障碍		
开播前一天整理直播物料	商品样品	直播前一天，直播运营团队应该准备上播的商品样品，以便在直播过程中主播能够快速找到并进行展示，直播运营要对商品样品进行仔细检查，包括样品的外观、型号和款式等		
	直播中需要用到的素材	直播封面图、直播标题、直播间贴片、直播间脚本等		
	辅助工具	辅助工具包括线下商品照片，还有一些工具、道具、手机、平板电脑、计算机、闹钟等		
开播前调试（前1小时）	主播	• 确保主播到位，备好水		
		• 辅助检查仪容仪表		
	画面	• 主播位置		
		• 背景图文字位置		
		• 画面流畅度		
		• 灯光、美颜、滤镜是否适配		
		• 提词器中内容、活动、商品等是否与直播脚本一致		
	声音	声音是否流畅（观众端听到的声音不能断断续续）		
		声音是否清晰（无电流等其他杂音）		
		直播环境声音是否安静		
	后台	• 打开电脑，进入直播伴侣，检查登录账号与直播账号是否一致		
		• 登录平台，检查登录账号与直播账号是否一致		
		• 商品添加到橱窗，准备上架小黄车，与主播对接好，几号链接是几号商品		
		• 先预备几条优惠券口令		
		• 直播延时设置多少秒，提前告知主播与其他直播人员		
开播前确认（前20分钟）	设备电量	• 直播中控电脑，要保证电量充足		
		• 直播摄像机或者摄像手机，充满电并连充电线		
		• 直播主播看弹幕的手机，保证电量充足		
	网速	• 直播中控电脑的网络是否稳定		
		• 主播看弹幕的手机，能否正常连接网络		
		• 场控至少三台手机进行弹幕控评，网络与电量是否够用		
	连接	• 检查中控电脑与摄像设备的连接		
		• 检查直播麦克风的连接		
		• 检查中控电脑网线与充电线的连接		

5.3 风险防控

5.3.1 风险防控的制度制定

每一场直播都有可能出现各种各样的状况，除了提前做好预防和风险应对措施外，还要在制度上想办法，保证表现突出的人员可以得到表彰，而出现问题的人员会有相应的处罚，从而对直播的相关人员进行约束和激励。奖惩制度的主要内容参考如下。

5.3.1.1 奖励形式

（1）奖励分为A、B、C三级奖励

A级奖励包括：晋职、晋级、加薪，视情况给予人民币×元以上的奖励金。
B级奖励包括：通报表彰、提前转正，视情况给予人民币×元的奖励金。
C级奖励包括：通报表扬、口头表扬、记小功，视情况给予人民币×元以下的奖励金。

（2）奖励内容

A、B、C三级奖励的奖励内容如下：
①下列行为属于A级奖励内容：

- 工作成绩显著，并为公司做出重大贡献；
- 对提高本公司的效率有特殊功绩的行为；
- 解决重大经营难题，并创造可观的经济效益；
- 对项目方案提出合理化建议，经实施为公司节省大量资金；
- 对提高公司整体经营管理水平有突出贡献；
- 为公司降低成本、缩短工期、节约支出、提高公司经济效益；
- 对公司交办的专项事务完成得非常出色、具有卓越功效；
- 为保护公司财产及人民的生命安全，见义勇为，事迹突出；
- 经公司研究决定执行A级奖励的其他行为。

②下列行为属于B级奖励内容：

- 工作表现优秀，工作成绩突出并为公司做出重要贡献；
- 积极研究改善工作方法提高工作效率或降低成本确有成效；
- 策划、承办、执行重要事务成绩突出；
- 检举揭发违反规定或损害公司利益的事件；
- 经公司研究决定执行B级奖励的其他行为。

③下列行为属于C级奖励内容：

- 对工作流程或管理制度积极提出合理化建议，被公司采纳；
- 严格遵守各项规章制度，认真完成本职工作，工作成绩优秀；

- 工作成绩突出，工作效率高，工作质量高；
- 积极维护公司荣誉，在客户中树立良好的公司形象和口碑；
- 认真勤奋、承办、执行或督导工作得力；
- 经公司研究决定执行C级奖励的其他行为。

（3）奖励流程

A、B、C三级奖励的奖励流程如下：

①C级奖励：部门主管可对本部门直接下级提议C级奖励，经部门经理核实后由部门分管副总审核，总经理批准实施。

②B级奖励：部门经理对本部门员工可提议B级奖励，经行政部核实、分管副总审核后，总经理批准实施。

③A级奖励：部门分管副总对分管部门员工可提议A级奖励，经行政部核实，总经理审核后，董事长批准实施。

④总经理、董事长可直接实施A、B、C级奖励。

⑤部门经理可向其他部门经理建议，对后者所在部门员工提议C级奖励。

⑥所有奖励均填写奖励审批单，并在行政部备档，进入人事档案，同时作为员工绩效考核的依据。

5.3.1.2　处罚形式

（1）处罚分为A、B、C三级处罚

A级处罚包括：辞退、降职、降级，视情况处以人民币×元以上的惩罚金。

B级处罚包括：通报批评、严重警告、停职待岗、重大过失、延长试用期，视情况处以人民币×元的惩罚金。

C级处罚包括：警告、口头批评、记小过，视情况处以人民币×元以下的惩罚金。

（2）处罚内容

A、B、C三级处罚的处罚内容如下：

①下列行为属于A级处罚内容：

- 违反国家法律、法规；
- 在公司内滋事，妨害正常工作秩序造成恶劣影响；
- 不服从公司领导管理且态度恶劣；
- 违反劳动合同或公司管理规定，情节严重；
- 严重违反各种安全制度，导致重大人身或设备事故；
- 遗失重要文件、物品，泄露公司机密，使公司遭受严重损失；
- 破坏、损害、偷盗公司财产；
- 利用职权受贿或以不正当手段谋取私利，情节严重；
- 使公司增加成本、延长工期、多增支出，影响了经济效益；
- 不服从公司工作安排及调动者。

②下列行为属于B级处罚内容：

- 拒不听从公司领导指挥、监督，发生冲突；
- 工作失职、成效较差，工作质量、效率低下；
- 违反公司有关管理制度和行为规范，情节较严重；
- 个人表率作用差，不能以身作则，宽以待己，滥用职权；
- 损害公司权益和形象，造成损失和不良影响；
- 工作玩忽职守，导致公司蒙受较大损失；
- 对同事恶意攻击，造成较大伤害；
- 违反安全规定，使公司蒙受较大损失；
- 经公司研究决定执行B级处罚的其他行为。

③下列行为属于C级处罚内容：

- 因过失导致工作发生错误但情节轻微；
- 对本职工作缺乏钻研，无改进，无创意；
- 违反工作秩序或违反破坏安全、环境卫生制度；
- 不听从领导合理指挥，情节轻微；
- 同仁之间相互谩骂吵架，情节轻微；
- 未完成工作任务，但未造成重大影响；
- 对上级领导批示或限期指令无正当理由未如期完成；
- 值班人员未按规定执行勤务；
- 员工请（休）假期间未保持通信通畅；
- 经公司研究决定执行C级处罚的其他行为。

（3）处罚流程

A、B、C三级处罚的处罚流程如下：

①C级处罚：部门主管可对本部门直接下级提议C级处罚，经部门经理核实后由部门分管副总审核，总经理批准实施。

②B级处罚：部门经理对本部门员工（含部门主管）可提议B级处罚，经行政部核实、分管副总审核后，总经理批准实施。

③A级处罚：部门分管副总对分管部门员工（含经理）可提议A级处罚，经行政部核实，总经理审核后，董事长批准实施。

④总经理、董事长可直接实施A、B、C级处罚。

⑤部门经理可向其他部门经理建议，对后者所在部门员工提议C级处罚。

⑥员工如对处罚有异议，可向行政部提出申诉，行政部与相关部门核实后，如异议不成立，直接答复被处罚员工并维持原处罚。如果异议成立，经与相关部门经理沟通后，新的处理意见报分管副总审核，总经理批准实施，同时撤销原处罚意见。

⑦所有处罚均填写处罚审批单，并在行政部备案，进入人事档案，同时作为员工绩效考核依据。

5.3.2　常见风险及预案处理

5.3.2.1　直播中常见的风险

（1）直播设备的“坑”

直播设备的“坑”包括卡顿、音画不同步、人像模糊、黑屏、闪退等。

（2）平台基础操作的“坑”

平台基础操作的“坑”主要出现在中控台操作、沟通和备战方面。
①中控台操作的“坑”——不懂装懂。
②沟通的“坑”——信息互通不及时，效率大打折扣。
③备战的“坑”——准备不充分，临时抱佛脚。

（3）主播与商家之间的“坑”

主播与商家之间的“坑”主要出现在样品、佣金结算、直播排期中和活动后期方面。
①样品的“坑”——样品过多，导致错寄、漏寄且丢失。
②佣金结算的“坑”——锁定佣金，影响收益。
③直播排期中的“坑”——主播预排期与商家排期冲突。
④活动后期的“坑”——拒绝售后，直播后不认人。

（4）店铺新老主播之间联动的“坑”

好处：新老主播之间的品牌联动，以老主播的影响力与新主播分享更多的优质商品，共同成长，同时让商家的商品得到更多的曝光。

坏处：新主播无法驾驭某些品牌及产品，导致最终效果不尽如人意。

5.3.2.2　危机预案处理

小小的失误，引发的危机是市场与信誉，影响的是销售业绩。原本这些危机是可以避免的，但因为工作的疏漏，没有做好危机预防的相应措施，致使危机发生。

危机预防从策划开始，在前期策划时，要整合预测危机，并形成预案。在整个直播行销过程中，进行有效的危机干预，预防直播过程中出现的临场危机，从而控制危机的发生。

有时单个危机会引发一连串的问题与危机，在一个问题与危机的诱导下，许多的问题也接踵而来。在进行危机预案的处理时，应把问题与危机逐步细化，从而努力消化、化解每一场危机。即使没有任何危机发生，危机预案也可以提前准备，以备不时之需。

（1）风险管理的过程

识别风险主要有以下几个步骤：
①对与商业过程或者项目相关的所有可能出现的风险（机会和威胁）进行头脑风暴；
②分析每项风险的属性、谁会受到影响、这项风险产生的原因等细节；

③对每项风险及其属性做风险登记，横行和纵列分别代表风险的概率等级和严重程度（见表5-12）。

表5-12　风险的等级分类

概率等级	严重程度			
	1. 高	2. 中	3. 低	4. 可忽略
A. 频繁				
B. 很可能				
C. 偶尔				
D. 极少				
E. 不大可能				
F. 不可能				

	1. 需要采取防护措施清除风险
	2. 需复查，需考虑进一步采取防护措施是否适当
	3. 不需采取任何行动

（2）对风险进行评估和归类

对风险进行评估和归类包括以下两个步骤：

①进行定性的风险评估，主要包括与相关专家和人员进行讨论；

②进行定量的风险评估，对重大的风险要进行进一步的分析。

（3）制订风险应对计划

制订风险应对计划包括以下5个步骤：

①根据企业对风险的态度，选择每项风险最适合的响应类型；

②制定风险响应预案，明确需要做什么，什么时候做，哪些事件可以触发行动；

③对每项风险明确指定一个负责人；

④风险预案得到批准和预算；

⑤在风险登记表中添加风险预案和风险应对负责人。

（4）执行风险应对计划

执行风险应对计划包括以下4个步骤：

①执行计划的风险应对方案，针对具体不同的事故，实施相应的计划预案和应急预案；

②分析风险响应措施是否有效，识别是否会有新的风险；

③分析风险预算，评估剩余的预算是否足以支持现有的和计划中的风险应对措施；

④定期举行会议，讨论以下风险问题：

- 是否增加了新的风险，重新评估现有风险；
- 确定风险响应的结果；
- 制订新的风险响应方案；
- 解除已经不再相关的风险响应。

第6章

产品信息收集

知识目标

1. 了解产品销售数据的整理方法；
2. 了解产品价格跟踪系统的维护方法；
3. 能分析产品价格设置的合理性。

技能目标

1. 能比对产品与竞品之间的价格差异；
2. 掌握产品与竞品功能的比对方法；
3. 了解市场行情，掌握市场信息分类的方法。

职业素养

1. 学以致用，把知识转化为职业能力；
2. 具备团结协作的团队精神；
3. 突破职业思维，具备创新精神。

6.1 市场信息管理

6.1.1 数据整理方法

数据整理、分析主要分为五个关键环节：明确数据分析目的、明确数据源及数据口径、数据处理、数据分析、输出，如图6–1所示。

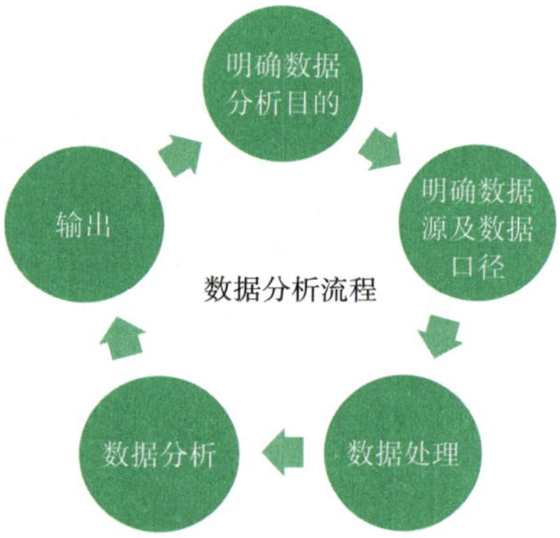

图6–1 数据分析流程

6.1.1.1 明确数据分析目的

任何一件事在做之前都是有目的性的，数据分析也是如此，在进行数据分析之前首先要明确为什么要做数据分析。可以通过用户、需求、场景三个要素的拆解来明确数据分析的目的。

（1）用户

用户，即数据分析内容或者结果给谁看。目标用户主要分为三类：自己、企业内部业务部门、外部客户。以下将主要对后两种进行解析。

①企业内部业务部门：这类用户通常会通过制定不同的策略提升企业某些业务指标，可以是市场部门、运营部门等。他们往往知道企业内部积累了大量数据，但是不知道如何使用，如何通过数据分析形成有效的决策。

②外部客户：这类用户通常不具有某一领域或多个领域的行业数据，希望通过这些数据了解他们的用户或市场，而恰巧企业具备这样的数据，这种情况下通过数据价值变现，形成对外的数据分析输出，对外部用户来说可以更好地了解市场，对于企业来说也可以通过数据形成价值变现，为企业带来收益。

（2）需求

需求，即数据分析问题提出者为什么要做数据分析。他们是希望通过数据分析发现问题还是希望提升某个业务指标，这些都是在做数据分析前需要了解的，只有了解了需求才能具有更合理的数据分析思路。

（3）场景

场景更多体现的是数据分析的场景，如业务部门想了解用户在注册流程中的用户流失原因，那么这就是问题的场景，要根据场景去定义问题，梳理数据分析思路，选择数据分析的方法。

6.1.1.2　明确数据源及数据口径

（1）数据源

数据的获取主要有三种方式：第一种是通过一些基于前端页面的数据采集工具获取，如GrowingIO等可视化的数据采集产品（图6-2）；第二种是在产品设计过程中通过数据埋点的方式，在需要数据时可以进行简单提取，这种方式的前提是在产品规划阶段就已经对未来的数据获取做好准备；第三种是如果前期没有进行功能埋点、可视化的采集工具，也无法获取数据时，找研发团队通过后台脚本或技术研发的方式获取数据。

图6-2　GrowingIO

（2）数据口径

数据口径，即定义某一个数据指标的含义。关于用户流失指标的定义，不同的产品或者不同的领域会有所不同。对于普通电商产品来说，用户3天之内没有登录或购买就是流失，但是对于奢侈品电商来说，仅仅用几天没有登录或购买即算作用户流失是不合理的。

对于数据口径的明确，需要结合数据分析任务提出者的需求以及具体业务场景，定义清晰的数据口径对后面的数据处理以及数据分析具有关键的意义。

6.1.1.3　数据处理

数据处理阶段主要做的工作是数据清洗、数据补全、数据整合。

（1）数据清洗

发现数据中的异常值，如对用户连续多天的登录数据进行处理时，发现如果有一天的登录数远远超过正常值，那么就需要分析，该天是否有重大营销活动，还是采集数据时出现的错误，通过异常值不仅可以发现数据采集方法的问题，同时还可能通过异常值找到数据分析的目标。比如对信用卡诈骗的分析，就是通过查找异常数据的方式。

（2）数据补全

针对数据缺失的情况如何解决，一种方式是根据数据前后的关联关系填充平均值，另一种则是直接选择丢失该条记录不用于数据分析。两种方式各有优劣，建议结合具体问题具体分析。

（3）数据整合

在采集数据时，不同类型数据之间可能存在潜在关联关系，通过数据的整合，丰富数据维度，更利于发现更多有价值的信息。例如，用户注册数据与用户购买数据是否相关联，可以通过用户的基础属性信息判断用户购买的商品是自己使用还是送人等。

6.1.1.4　数据分析

数据分析是以目的为导向，通过目的选择数据分析的一种思路和方法。通常来说主要有以下几种分析思路。

（1）异常分析

通过数据分析发现异常情况，找到解决异常问题的方法。

（2）寻找关联关系

关联关系也可以称为购物车分析，通过分析不同商品或不同行为之间的关系，发现用户的习惯。

（3）分类、分层

通过用户特征、用户行为对用户进行分类、分层，形成精细化运营、精准化业务推荐，进一步提升运营效率和转化率。

（4）预测

通过用户历史行为预测用户未来可能的行为，提升用户感知和使用体验。

6.1.1.5　输出

在前文曾提到，数据分析的目的是通过数据清晰地了解用户、产品和当前业务形态，从而得到有效的战略决策，指导下一步的发展。

如何通过数据清晰了解用户、产品和业务生态？一行行枯燥的数据是无法让业务部门或外部客户直观了解数据背后的含义的，所以需要通过数据可视化的方法，简单来说就是将一行行的数据转化为图表，直观化展现数据的趋势、数据之间的关联关系等。在对数据可视化时，需要着重考虑数据有几个维度、数据要向看的人展现什么，这些都影响着数据可视化的形式。

例如，针对注册用户男女性别比例的展现可以用饼状图，展现注册用户数随时间变化的增长趋势可以用曲线图，展现注册用户归属地可以通过柱状图等。在选择可视化方式时，要充分考虑数据的特点以及希望用图表展现出来的内涵是什么，这样才能用合理的方式展现出更直观的分析结果。

6.1.2　系统维护方法

系统上线后还需要定期进行维护，一方面是为了快速满足用户对系统的使用需求，一般基本的功能完善后就会投入使用，系统开发和维护人员要通过后续的维护把其他的细节和功能做好；另一方面是市场和客户的需求在不断发生变化，这就促使系统开发和维护人员要对系统的功能进行迭代，这样系统才能更好地为用户服务。在进行系统维护时，通常分为以下4种。

（1）更正性维护

众所周知，系统测试不可能发现系统中的所有错误，还有许多潜在的错误，只有在系统运行过程中具备一定的激发条件才可能出现，通常把诊断和改正这类错误的维护工作称为更正性维护。

出现这类错误的原因主要是由于遇到了调试阶段从未使用过的输入数据的某种逻辑组合或判断条件的某种组合，即没有测试到这些情况。在系统运行期中遇到的错误，有些可能不太重要或者很容易处理或回避，有的可能相当严重，甚至会使系统无法正常工作。但无论错误的严重程度如何，都要设法去改正。修改工作需要制订修改计划，提出修改要求，经领导审查批准后，并在严格的管理和控制下进行系统的更正性维护。

（2）适应性维护

适应性维护是指信息系统的外部环境发生变化时需要进行的系统维护。计算机技术（包括硬件和软件）的发展速度非常快，而一般的系统使用寿命都超过最初开发这个系统时的系统环境的寿命。计算机硬件系统的不断更新，新的操作系统或操作系统新版本的出现，都要求对系统做出相应的改动。此外，数据环境的变化（如数据库管理系统的版本升级、数据存储介质的变动等）也要求系统进行适应性维护。适应性维护也要制订维护计划，有步骤、分阶段地组织实施。

（3）完善性维护

当信息系统投入使用并成功运行以后，由于企业业务需求变化和扩展，用户可能会提出修改某些功能、增加新的功能等要求，这种系统维护被称为完善性维护。其目的是为了改善和加强信息系统的功能，满足用户对系统日益增长的需求。

此外，还有一些其他的完善性维护工作。例如，系统经过一段时间的运行，发现系统某些地方运行效率太低而需要提高，或者某些功能界面的可操作性有待提高，或者需要增加一些新的安全措施等，这类维护也属于完善性维护。

（4）预防性维护

预防性维护是一种主动性的预防措施，对一些使用时间较长，目前尚能正常运行，但可能要发生变化的部分模块进行维护，以适应将来的修改或调整。与前三种维护类型相比，预防性维护工作相对较少。

在信息系统的维护中四种维护类型出现的比例如表6-1所示。

表6-1　信息系统的维护中四种维护类型的占比

维护类型	描述	在维护中占比
更正性维护	修复系统设计和规划错误	70%
适应性维护	因环境改变而修改系统	10%
完善性维护	维护系统解决新的问题或者为新问题解决提供有利条件	15%
预防性维护	维护系统将来的问题	5%

6.1.3　价格跟踪方法

从多个维度来进行价格跟踪，可以采取以下4种方法。

（1）每日走势图检测

以下选取了2020年的甲醇走势图做示范，用户可以查看任意周期的价格走势情况（图6-3）。

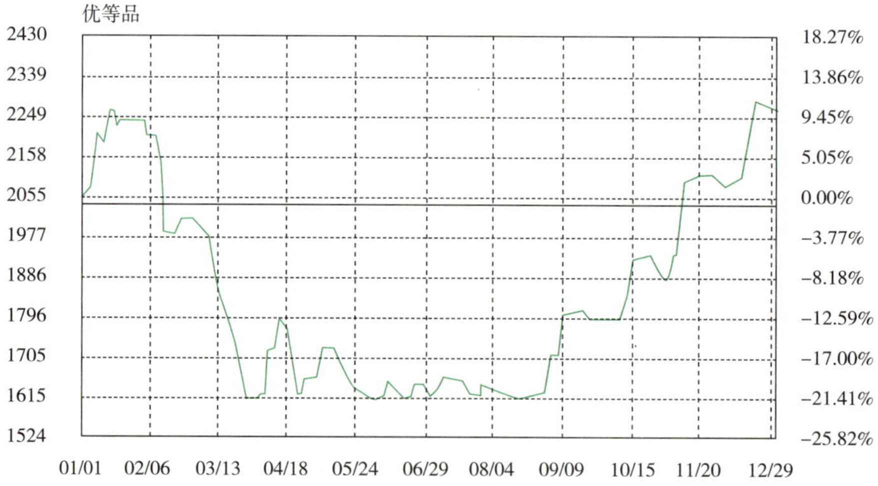

图6-3　每日走势图检测

（2）商品周K柱图和月K柱图

商品价格K柱图，运用价格走势K线的理念，以柱状图形式，反映每周或者每月的价格涨跌变化，投资者可以根据K柱图的变化来进行买卖投资，详见图6-4、图6-5。

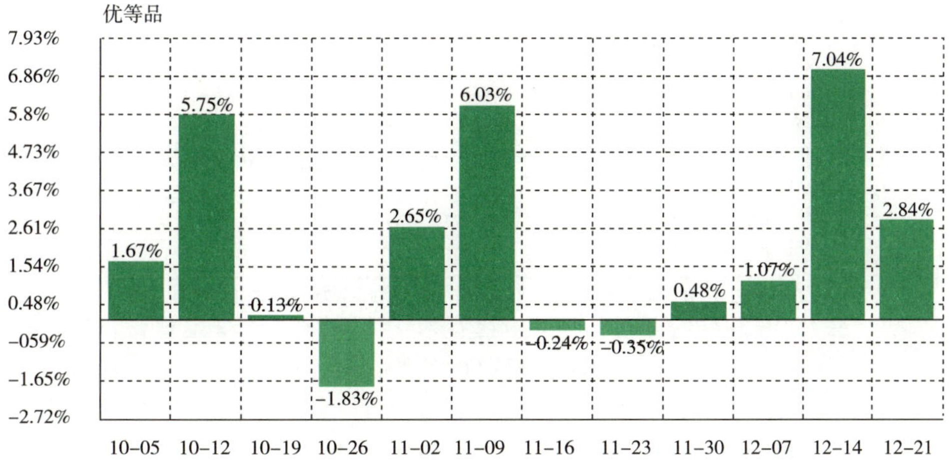

图6-4　商品周K柱图

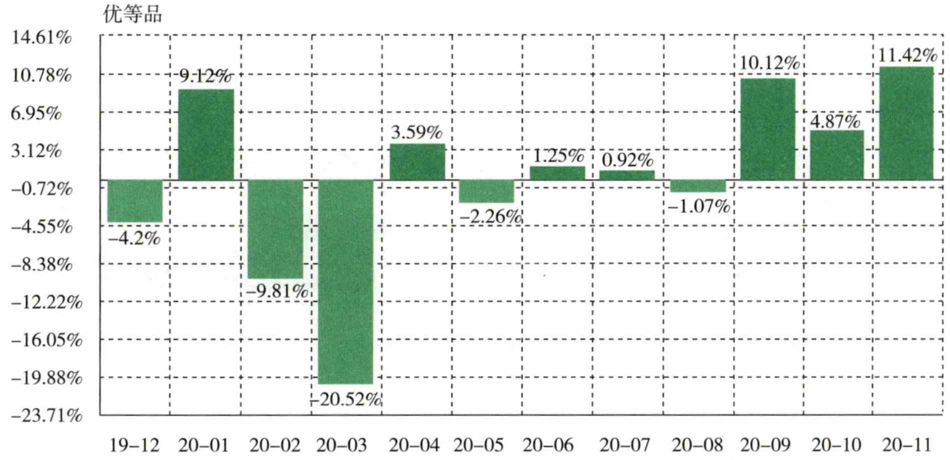

图6-5　商品月K柱图

（3）商品价格年度对比图

商品价格大多有周期性，阶段性的高点或者是低点总是在某一时点或者是某一时间间隔有规律地出现。通过不同年度的价格走势对比，有助于找到周期性规格，进行“价格发现”。例如，提供近10年的价格对比图，让用户深入分析，如图6-6所示。

（4）商品价格K线走势图

商品价格K线走势图，以折线图形式反映了每周的价格变化，期货和股票投资者可以根据价格K线走势图来进行判断投资；实体企业可以根据K线图来提前布局买卖，如图6-7所示。

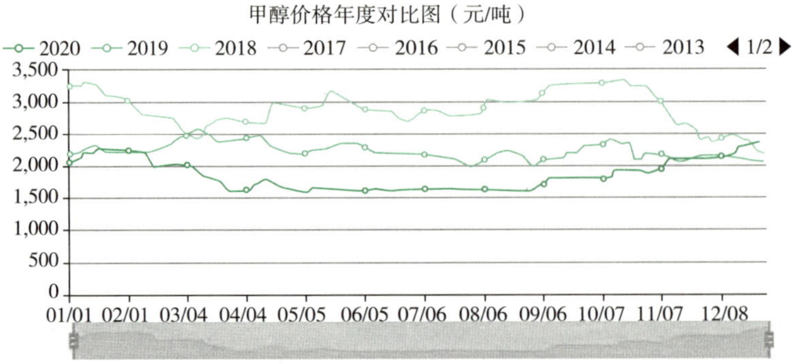

图6–6　商品价格年度对比图

图6–7　商品价格K线走势图

6.2 市场信息分析

通常情况下，在进行市场调研时得到的是一些市场数据或产品数据，要变成企业可以使用的信息，就要对这些数据进行加工。在这个过程中，要把信息进行分类、汇总，然后根据企业的需求进行分析，帮助企业进行决策。

6.2.1　信息分类

6.2.1.1　信息分类的原则

信息分类需要根据实际工作要求，对相关信息进行划分，便于管理和使用。为了保证信息分类后的效果，需遵循以下基本原则。

（1）稳定性

稳定性也可称为科学性，即通常要选择事物（概念）最稳定的本质或特征作为分类的基础和依据，确保分类结构不因环境因素而发生变化。

（2）确定性

对于任何一个分类对象，在分类体系中应有唯一确定的类目与其对应。

（3）可扩延性

对于在分类体系新增类目时，不会影响已有的分类结构和原有类目，一般情况下应设置收容类目。

（4）系统性

将选定的事物（概念）的属性或特征按一定顺序排列，形成一套系统的、科学的分类体系。

（5）综合实用性

分类要从系统工程角度出发，把局部问题放在系统整体中处理，以达到系统最优。即在满足系统总任务、总要求的前提下，尽量满足系统内各有关单位的实际需要。

（6）兼容性

尽量与有关标准（如国际标准、国家标准和行业标准）协调一致，即可以按照需求对已有标准分类进行适当的裁剪、增添，保持与有关标准协调一致。

6.2.1.2　信息分类的方法

分类是把问题中一个事物集合分成若干个小的集合，由于分类角度、分类目的等因素不同，对同一个事物集合的分类方法也会有所不同。例如，同样一批零件，可以按其材料分成铁制品、钢制品、铝制品等，也可以按其加工工艺分成机加件、锻铸件、钣金件等。分类方法的多样性使得一个事物对象有多个分类特征，也保证了对事物的刻画更加准确。信息分类的方法可以分为以下三种。

（1）线分类法（层级分类法、体系分类法）

线分类法是将分类对象按所选定的若干个属性或特征逐次地分成相应的若干个层级的类目，并排成一个有层次的、逐渐展开的分类体系。在这个分类体系中，被划分的类目称为上位类，划分出的类目称为下位类，由一个类目直接划分出来的下一级各类目，彼此称为同位类。同位类的类目之间存在着并列关系，下位类与上位类的类目之间存在隶属关系，如表6-2所示。

表6-2　线分类法示意

第一级	第二级	第三级
机床	车床	卧式车床 立式车床
	磨床	外圆磨床 内圆磨床

从上图中可明显看出，三级分类有隶属关系，即卧式车床一定属于车床，而不能属于其他分类。线分类是一个逐级展开、有层次的分类体系。其中，采用线分类法有以下优点：

①容量大：可涵盖较多条目信息；

②结构清晰：采用树状结构能较好地反映类目之间的逻辑关系；

③使用方便：符合手工处理信息的思维习惯，便于计算机处理。

（2）面分类法（组配分类法）

面分类法是将所选定的分类对象的若干属性或特征视为若干个“面”，每个“面”中又可分成彼此独立的若干个类目，如表6–3所示。

表6-3　面分类法示意

第一面（功能）	第二面（规模）	第三面（控制方式）
车床	小型	数控
铣床	中型	非数控
磨床	大型	

通过各个属性的组合，可以描述出一个设备的信息，如小型非数控车床。面分类各属性彼此之间没有隶属关系。其中，采用面分类法有以下优点：

①具有较大弹性：一个面内的属性与数量调整不会影响其他面；

②适应性强：可根据需要组成任何类目，便于计算机处理；

③易于管理：可对各个属性进行增、删、改等操作。

（3）混合分类法

在现实情况中，往往会遇到比较复杂的场景，无法仅用单一的方法进行分类，这就需要用到混合分类法。将线分类法和面分类法组合使用，以其中一种分类法为主，另一种分类方法做补充的信息。

6.2.2　信息比对的相关内容

市场信息的内容有很多、很庞杂，按它的来源进行划分，基本上可以划分成两大类：内部信息和外部信息。

6.2.2.1　内部信息——知己

内部信息是指信息的内容主要来自于企业内部，也就是企业自身的信息。企业内部的市场信息对于终端销售来说，要及时准确地了解，即紧跟企业动态，这是终端销售人员的必备素质和基本要求。比如企业又推出了哪些新产品？这些新产品有哪些特别突出的功能和卖点？这些功能和卖点能给消费者带来什么样的切身实惠和好处？企业近期在知名媒体做了哪些内容的广告？有没有在本区域或是全国范围内推出特价品？企业近来又获得了哪些荣誉、认证或奖项等。以上这些，都是为了让每一位终端销售人员做到“心中有数”，以便随时抓住任何一个可行的机会向消费者进行准确无误的信息输出。

6.2.2.2　外部信息——知彼

相对于内部信息，获取外部信息有一定的难度和隐蔽性，这就要求相关人员要充分把握外部信息的来源，明确获得的渠道，并同时具备对信息的鉴别和整理能力。一般来说，外部信息分为以下几个方面。

（1）来自供应商

经销商是分销渠道中最重要的一环，终端销售人员工作的一大半时间都用在与经销商的沟通与交流上，因此收集经销商的信息非常重要。从经销商那里可以得到市场以及其他同业人员的相关信息。比如竞争对手品牌的销售政策，商场对不同品牌的出款情况，哪些品牌在做什么样的促销活动以及促销的伸缩力度等。

（2）来自消费者——需求什么

一般来讲，消费者是产品的最终购买者和使用人，无疑是市场信息收集过程中的重要“受访对象”。所以，从4P向4C转化而来的新型营销理论便将顾客（Customer）放在了首位。4P理论是一种营销理论：分别为产品（Product）、价格（Price）、渠道（Place）、促销（Promotion），该理论本质是让营销过程理性化，以便于更好地操控营销行为；4C理论：即消费者（Customer）、成本（Cost）、便利（Convenience）和沟通（Communication）。该理论强调以消费者为中心，详情见图6–8。

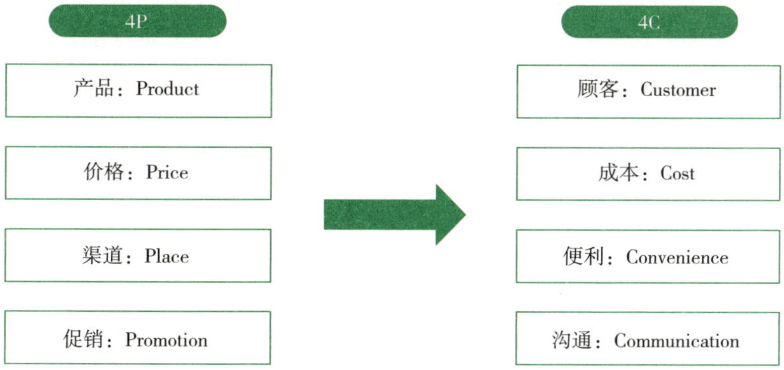

图6–8　4P向4C转化

通常要收集有关消费者的以下信息：

①要确定光顾同一门店的不同消费者群体的消费层次和类别。而衡量消费者消费层次和类别的主要指标就是消费者的购买欲望和水平以及他（她）的实际购买力。

②要充分尊重消费者的消费心理和消费习惯。只有先顺应了消费者的消费习惯之后，才能慢慢地引导他们做出略微偏离固有习惯的尝试。

③要能够充分把握消费者对产品的购买趋势和消费方向。

④要重视消费者在购买过程中无意流露出来的一些信息。比如在某一家庭购买产品的决策过程中，谁是决策人、谁是影响人还有他们之间相互角色的变化以及不同消费者的品牌意识等。当这些信息具有普遍性和共性的时候它就对企业的销售活动会有一定的启发意义了。

（3）来自竞争对手——他在干什么

竞争对手是指那些和本企业品牌知名度、号召力相当，价位差不多的企业。然而竞争对手也会因时代的变迁和地区的不同而有所差异和变化。并且，非主要竞争对手的很多方法也很值得公司去学习和借鉴。

①对竞争对手的产品信息收集过程中要着重突出的是对方产品的卖点是如何向消费者介绍的，他们产品的卖点是否和企业产品的卖点有冲突，还有他们是如何攻击企业产品卖点的，等等。这些都是在竞争对手产品信息收集过程中的重点。

②关于竞争对手的价格信息收集，该工作的重点是掌握竞争对手的主销产品或者与企业产品激烈争夺市场份额的那部分产品的最终最低零售成交价而不是它的挂牌价。

③竞争对手的卖场信息，企业要密切关注的还有包括竞争对手最近有什么促销活动，在促销活动期间竞争对手的产品定价是怎样的，它的赠品是什么档次以及如何赠送的，消费者的反映如何。此外，还有竞争对手在服务方面与本企业相比有什么不同之处或者突出之处。

收集这些关于竞争对手的信息不是企业最终的目的，关键是要将这些卖场信息及时进行反馈和处理，并采取相应的对策。这样企业才可以及时有效地调整企业的销售策略和价格政策，从而有效地打击竞争对手，促进业绩的迅速提升。

（4）来自其他外部环境——形势如何

还有很多不可控因素对企业的业绩也有很大的影响。比如国家政策、法律、法规的调整，一个地区经济的先进发达程度、自然环境因素以及各种突发性事件等。

外部信息有很多都不是企业所能控制的，但始终要保持一个对外部信息的敏感度，从一些外部信息当中公司也能发现一些对业绩的提升很有帮助的东西。

6.2.3 价格分析的方法

6.2.3.1 价格带

很多零售企业（或门店）在做“价格市调”时，一般都习惯关注同一品牌商品的价格比对，却往往忽略价格带的分析。实际上，价格带的分析对企业进行经营策略调整有着极其重要的意义。

价格带是指在一个类别（通常指一个小类）中众多商品的价格区间。例如，某一个小类的商品，最低的售价是5元，最高的售价是48元，那么，这个小类的价格带就是5～48元。

每一个零售企业（或门店）都有各自的经营定位，即根据商圈特性确定的经营范畴（经营档次）。所以，即使同属于一个企业，地处高档生活小区和位于普通居住区域的两家门店，在定位上肯定不一样，因此，它们所经营的商品范围也会不一样，价格带也有一定的区别。

开设在高档生活小区的门店通常有很多属于高档次的商品，不仅商品价格偏高，而且基本上只有高收入、高消费的人群才会购买。如果将这些商品放到低档次的门店，即使价格降到很低，由于消费需求不同，购买此类商品的顾客还是较少，甚至是零销售，进而会使一般顾客望而却步，不敢再次光临。同样，将档次很低的商品搁在高档次的门店货架上，高消费人群非但不会购买，还可能因此给他们造成一个错觉：该门店的档次在降低，符合需求的商品在减少，如此一来，以后他们也许就不会再光顾这家门店（如果有同样档次的门店可供选择），该门店也许就会失去这一部分高端消费群体。

定位的高与低，不仅反映在价格上，还会体现在价格带上。例如，位于普通居住区域的门店，某一商品小类的价格带是5～48元，而地处高档生活小区的门店同样小类的价格带可能就是35～80元。

价格带是呈“橄榄”状的，即两头尖、中间大，如图6-9所示。中间最大的一块是常态价格，即价格带的实质部分；两端往往只有一两个库存量单位（SKU），低端就是该品类的促销惊爆价，高端则是体现门店形象的“推荐商品”。不要误将两个端点视同常态价格带。

价格带不追求“宽度”，只要符合商圈的消费需求即可，过宽的价格带反而会给顾客一个“定位不明确”的表象，而使顾客选购时无所适从。

价格带应力求“深度”，是指在一个类别中，各个商品可以用不同的价格来表现，尽量体现价格的差异，切不可多种商品用单一价格表现（除“均一价”促销以外）。

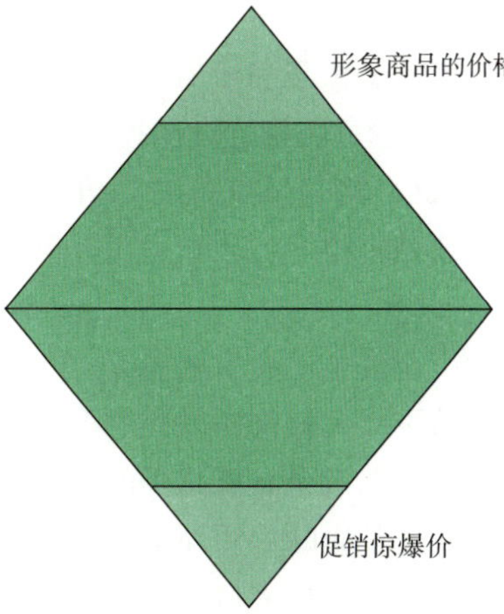

图6-9 “橄榄”状价格带

6.2.3.2 价格带分析方法

（1）单价分析法

假设B门店某小类商品有5个SKU，价格带是5～40元五个价位，分别为5元、10元、20元、30元、40元；处于同一商圈的竞争店（A店）也有5个SKU，价格带也相同，不同的是，A店的五个价位分别为5元、8元、10元、22元、40元。

很明显，顾客会觉得A店的价格比较便宜，而倾向于到A店购物。B店应如何调整策略？B店不要急于调整售价，可以引进一个售价低于8元的商品，使常态价格带区间的重心往低拉伸，以此扩大低端形象、改变顾客对价格的敏感度。

（2）SKU分析法

假设B店某品类有25个SKU，其竞争店A店只有15个SKU，B店不要因自己的SKU多而盲目乐观，而要分析这25个SKU中，真正适销并盈利的有几个。

价格带的宽度不需要过宽，但商品本身是需要“宽度”的，也就是说，门店里商品的品类要全。不过，在一个小类中，不必追求过多的SKU。如果让一些销售并不理想、获利能力又不强的商品占据卖场里有限的货架资源，不仅挤压了畅销商品的陈列面，还会使顾客眼花缭乱而最终放弃选购。

B店要对这个品类的商品进行交叉比率（盈利能力和库存资金占用）的分析，将销售差的商品淘汰，将盈利能力低的商品淘汰替换，将库存占用大的商品清退。保持适当的商品宽度，不仅可以提高门店的品牌形象，培养顾客的忠诚度，还可以培养“A类”商品，扶持“A类”供应商。

（3）陈列面分析法

门店可以从“系统”中获得某一个品类在一段时间内的销售总额和销售数量，“销售总额÷销售数量”就得到该品类的平均售价；然后，再对货架上陈列的商品进行总价值和数量的清点，“陈列商品的总价值÷陈列商品总数”就得到陈列商品的平均售价。

如果前者大于后者，说明实际售出的高价位商品多于低价位（假设陈列商品都占用同样的陈列面），而消费者却比较认同价格稍高的商品，这样就必须扩大高价位商品的陈列面（或者建议采购引进更多的高价位商品），适当压缩低价位商品陈列数量；反之，则需相反调整。这种调整的实质意义是让陈列形象符合消费者在价位档次方面的心理需求。

（4）商品深度分析法

商品深度，就是同一类别商品中，不同品牌、包装、规格等方面的多少（有些类别还可能涉及功能、口味、成分等的区别）。虽然门店不追求“深度”，但可以在深度上做调整。

例如，某店的方便面平均售价在3～5元，说明该商圈的消费者购买方便面之类的商品一般都是选择单包且多口味的，这种现象比较符合便利店或小型超市的业态特征；综合超市的平均售价可能会在10～15元（基本是五连包的方便面）；而大型超市平均售价一般接近整箱的价格。那么，如果经营者的门店属于大型超市，就可以减少单包的形态，并推出整箱售价更便宜的特色活动。

第 7 章

产品确定与规划

知识目标

1. 能比对产品与竞品之间的价格差异、功能差异；
2. 能根据企业需求制定产品营销方案。

技能目标

1. 掌握产品和竞品价格、功能的比对方法；
2. 能编写营销方案，并且判定不同营销范式的合作风险。

职业素养

1. 对自己的言行负责，对本职工作进一步加强深化理解，用高标准要求自己；
2. 加强沟通，要有团结协作的团队精神；
3. 专注于自己的工作，会为达成工作目标而努力，把工作中的压力转化为动力。

7.1 竞品对比

7.1.1 产品和竞品的对比方法

7.1.1.1 比较法

与竞品做横向比较，深入了解竞品，并通过分析得出产品的优势与劣势。

根据比较的形式，可以分为三种：打钩比较法、评分比较法、描述比较法。以打钩比较法为例，打钩比较法可以用于产品功能、配置、特性的对比分析。通过对比产品与竞品的功能，可以全方位地了解竞品的功能分布，为自己产品的功能规范做参考，如打钩比较法（表7–1）、评分比较法（表7–2）和描述比较法（表7–3）。

表7–1 打钩比较法

功能点	竞品1	竞品2	竞品3	竞品4
功能1		√	√	
功能2	√		√	√
功能3	√	√	√	√
功能4	√	√	√	

表7–2 评分比较法

测评项目	评测子项目	竞品1	竞品2	竞品3
用户体验设计	页面布局	5	5	3
	页面色彩	4	3	4
	Logo设计	5	4	3
	内容质量	4	3	5
	内容数量	4	4	5

表7–3 描述比较法

功能点	功能共有率	竞品1	竞品2	竞品3
功能1	100%	√	√	√
功能2	66.7%		√	√
功能3	66.7%	√		√

7.1.1.2　矩阵分析法

矩阵分析法也称 2×2 象限法、四象限分析法或定位网格，以二维矩阵的方式分析自己的产品与竞品的定位、特色或优势。

矩阵分析法可以帮助企业评估竞品的优势或劣势，从而明确自己产品的竞争优势；也可以帮助企业判断现有的产品是否需要重新定位，并帮助企业重新找到合理的定位。

使用这种方法一般的思考和操作方式如下：

①确定两个关键竞争要素，例如，价格与配置。这两个竞争要素应该是用户最关注的，或者是对用户最重要、会影响他们购买决策的产品属性。

②画出二维矩阵，把两个关键竞争要素分别作为横坐标和纵坐标。

③选择几个主要竞品。

④根据竞品在关键竞争要素的表现，把竞品放到矩阵对应的位置。

⑤在矩阵中思考自己产品的位置。

7.1.1.3　竞品跟踪矩阵

对竞品的历史版本进行跟踪记录，找到竞品各版本的发展规律，从而推测竞品下一步的行动计划。

现在很多产品的研发模式是“小步快跑、快速迭代”，产品的迭代周期很短，1个月可能会更新好几个版本，而且每个小版本的变化点也不多，如果全部记录，竞品跟踪矩阵会变得很大，容易迷失重点。解决方法是在竞品跟踪阵上只记录大版本，把大版本之间各小版本的变化点合并到大版本上，如表7–4所示。

表7–4　竞品跟踪矩阵

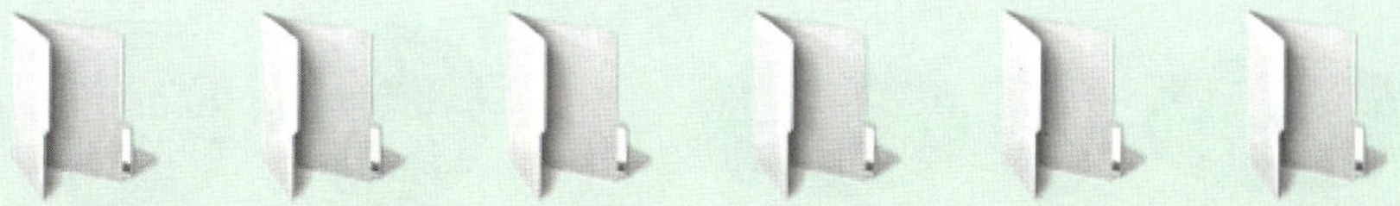

A竞品	V1.0	V1.2	V1.5	V2.0	V2.3	V2.5

7.1.1.4　功能拆解

把竞品分解成1级功能、2级功能、3级功能，甚至4级功能，以便更全面地了解竞品的构成，避免遗漏，如表7–5所示。功能拆解经常用于需要估算开发成本以及开发周期的时候。

表7–5　功能拆解

一级分类	二级分类	三级分类	四级分类	探索需求	是否能借鉴此功能	备注

7.1.1.5 探索需求

挖掘竞品功能所满足的深层次的需求，以便找到更好的解决方案，提升产品的竞争力。

企业看到的竞品功能都属于解决方案，而解决方案不是需求，只是表面现象，如果未经过深入分析而直接照搬功能，很有可能会出现“东施效颦”的效果。在对竞品进行功能拆解之后，需要通过探索需求找到竞品要解决的问题、该满足的需求，再去构建解决方案，如图7–1所示。

图7–1 需求探索

7.1.1.6 PEST分析

PEST分析用于对宏观环境进行分析，以便找出机会与威胁所在。PEST分析中，P是政治（Politics），E是经济（Economy），S是社会（Society），T是技术（Technology），如图7–2所示。

7.1.1.7 波特五力模型

波特五力模型用于对行业环境进行分析，评估某一行业的吸引力、利润率。

波特五力模型是迈克尔·波特（Michael E. Porter）于 20 世纪70年代初提出的。他认为，一个行业存在 5 种基本竞争力量，它们是同行业现有竞争者之间的竞争、潜在进入者的威胁、替代品的威胁、供应商的议价能力以及购买者的议价能力，如图7–3所示。

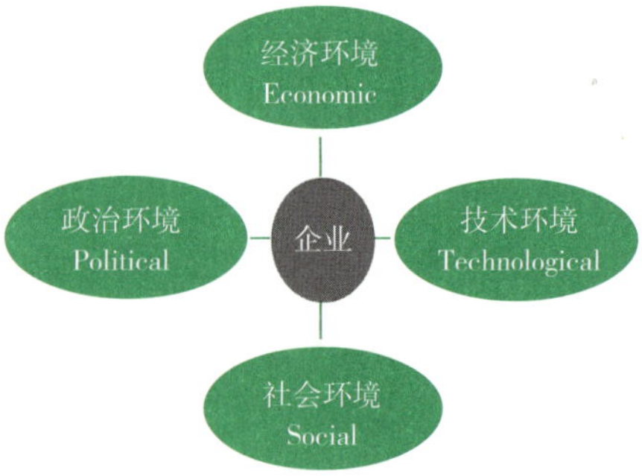

图7–2 PEST分析

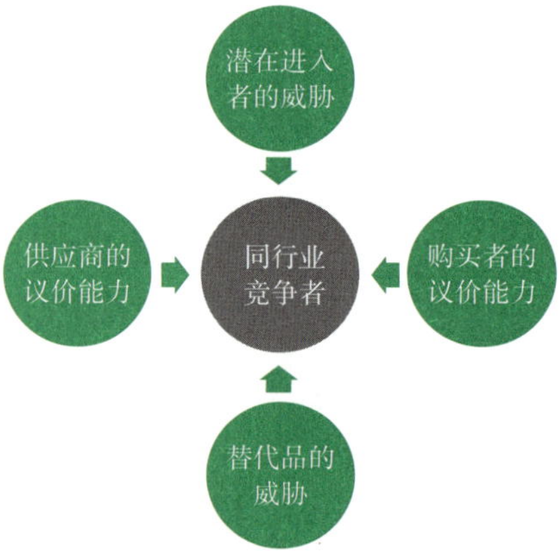

图7–3 波特五力模型

7.1.1.8 SWOT分析

SWOT分析，即基于内外部竞争环境和竞争条件下的态势分析，就是将与研究对象密切相关的各种主要内部优势、劣势和外部的机会和威胁等，通过调查列举出来，并依照矩阵形式排列，然后用系统分析的思想把各种因素相互匹配起来加以分析，从中得出一系列相应的结论，而结论通常带有一定的决策性。

运用这种方法，可以对研究对象的现状进行全面、系统、准确的研究，从而根据研究结果制定相应的发展战略、计划以及对策等。

SWOT分析中，S（Strengths）是优势、W（Weaknesses）是劣势、O（Opportunities）是机会、T（Threats）是威胁，如图7–4所示。

图7–4　SWOT分析

按照企业竞争战略的完整概念，战略应是一个企业“能够做的”（即组织的强项和弱项）和“可能做的”（即环境的机会和威胁）之间的有机组合，如表7–6所示。

表7–6　SWOT矩阵分析

外部环境	内部能力	
	优势（S）	劣势（W）
机会（O）	SO战略：机会、优势组合 可能采取的战略：最大限度的发展	WO战略：机会、劣势组合 可能采取的战略：利用机会、回避弱点
威胁（T）	ST战略：威胁、优势组合 可能采取的战略：利用优势、减低威胁	WT战略：威胁、劣势组合 可能采取的战略：收缩、合并

7.1.2　产品与竞品功能的对比方法

产品与竞品功能的对比方法可以分为两个维度，分别从产品和用户两个视角来介绍竞品分析。

7.1.2.1　产品视角

产品视角是从影响一个产品成败的因素进行分析，包括但不限于以下几个方面。

（1）功能

产品功能通常从以下几个步骤进行分析：

①亲自体验竞品，快速了解主要功能；

②抓住关键功能进行功能拆解，可以拆解出1级功能、2级功能，甚至3级功能；

③做功能对比与分析。

（2）用户体验设计

分析用户体验设计时，主要从交互设计、信息架构、UI设计等方面对竞品进行评估。

用户体验是指用户主观的感受，所以这部分的评估采用打分制。例如，5分表示非常好，3分表示一般，1分表示很差。也可以用星星的数量代表分数。

这里的评分不是绝对分数，而是一个主观的评价。由于该分数的信度和效度还要考虑到样本的数量和代表性（如用户的背景、分布情况等），不具备统计学意义，所以这个分数仅用作对比参考，反映产品用户体验设计的相对水平，这也从一定程度上体现了产品的竞争力。

（3）团队背景

团队背景通常需要从以下几个方面进行考察：

①人才构成。例如，竞品团队中运营人员的能力比较强，则竞品在运营方面可能会有优势。

②资金优势。例如，竞品企业刚融到一大笔资金，则短期内不必担心盈利问题，可以先安心把产品做好，产品的推广力度可能也会更大；

③资源优势。例如，竞品借助企业已有的平台、用户、口碑等资源优势，可以快速将初期用户积累起来；

④技术背景。例如，如果竞品团队的技术背景很强，拥有核心技术、技术专利，做出的产品可能会有技术优势。

（4）技术

这一维度主要是研究竞品采用了哪些关键技术来提升用户体验，这些技术是否申请了专利、是否有技术壁垒等。还可以收集竞品的技术合作伙伴信息及其技术变革史帮助分析。

（5）市场推广

研究竞品的市场推广策略时，可以采用经典的营销组合策略4P框架，在市场营销中，4P是指产品（Product）、价格（Price）、渠道（Place）、促销（Promotion），4P理论是营销策略的基础，如图7–5所示。

图7–5　营销组合策略4P框架

①产品。注重开发功能，要求产品有独特的卖点。

②价格。根据不同的市场定位，制定不同的价格策略。

③渠道。企业并不直接面对消费者，而是注重经销商的培育和销售网络的建立，企业与消费者的联系是通过经销商建立起来的。

④促销。企业注重以销售行为的改变来刺激消费者，以短期的行为（如打折、买一送一、营销现场气氛等）吸引其他品牌的消费者或引导提前消费来促进销售额的增长。

（6）战略定位

按照迈尔斯和斯诺提出的企业战略框架，企业的战略类型分为4种，即防御者、探索者、分析者、反应者，如表7–7所示。

表7–7　迈尔斯和斯诺提出的企业战略框架

防御者	在稳定的市场中维护市场份额
探索者	成为某方面的领头羊，寻求增长，敢冒风险
分析者	快速跟随，注重微创新
反应者	只有在遭遇威胁时才有所反应

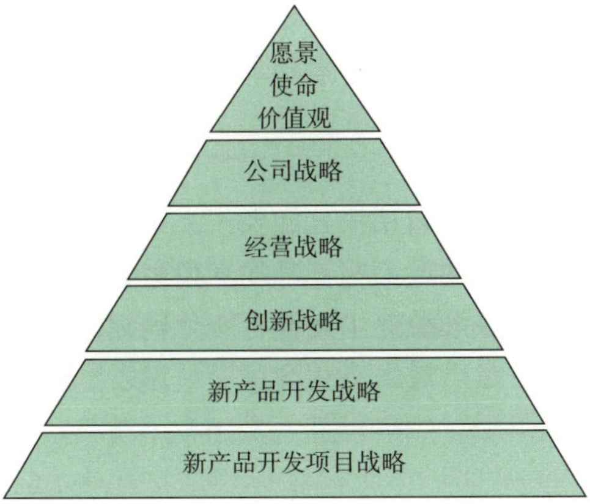

图7-6　战略层级

企业的战略会影响产品战略（图7-6），从竞品的企业战略可以推测出竞品的产品战略。

（7）用户情况

用户情况这一维度主要关注竞品以下几个方面的问题：

①竞品的目标用户是谁？有哪些关键特征？与自己产品的目标用户群一致吗？

②竞品的用户数据，包括活跃用户数、付费用户数、ARPU值（用户平均收入值）等。

③用户对竞品优势、劣势的看法。

④用户喜欢产品的哪些功能？不喜欢产品的哪些功能？

（8）盈利模式

简单来说，盈利模式就是分析产品是怎么赚钱的。盈利模式≠商业模式。商业模式包含3个方面：创造价值、传递价值、获取价值，而盈利模式是获取价值。也就是说，商业模式包含了盈利模式。盈利模式，即研究竞品主要靠什么方式挣钱、是否有值得借鉴的地方，也可以在制定竞争策略时作为参考。互联网产品典型的盈利模式有以下几种：

①付费。例如，App Store上的付费App。

②免费增值。基础功能免费，增值服务收费。例如，迅雷、QQ、网盘、游戏，软件本身可以免费使用，但要使用高级功能、增值服务就要付费。

③剃刀与刀片模式。通过廉价甚至免费的产品来促进用户在未来重复购买相关产品。例如，吉列剃须刀采用的就是这种盈利模式，它的剃须刀架是免费的，主要靠剃须刀片挣钱。后来被很多硬件厂商借鉴，如打印机（打印机低价，靠墨盒耗材挣钱）、小米手机（手机低价，靠配件与服务挣钱）等。

④广告。例如，今日头条、百度搜索、360导航等。

⑤电子商务。例如，京东、当当、小红书等。

⑥渠道分成、佣金。例如，苹果的App Store、中介平台等。

⑦沉淀资金。这种盈利模式比较隐蔽，有的平台利用用户在平台上的留存资金（即沉淀资金）投资赚取收益，一些电商平台用账期压供应商货款从而用这些沉淀资金赚钱。

以上这些盈利模式都有一个共同的前提：用户量要足够大，这样盈利模式才有效。所以很多互联网公司的策略都是先跑马圈地、扩大用户量再想办法挣钱。

7.1.2.2 用户视角

用户视角就是站在用户的角度，看用户在选择产品时会关注哪些方面。企业可以从用户视角进行竞品分析，对比评估企业的产品与竞品的竞争力，并制定竞争策略。从用户视角进行竞品分析时可以使用$APPEALS方法这一分析工具，如图7–7所示。$APPEALS方法是IBM在IPD方法论中总结出来的一种客户需求分析方法，它从8个方面对产品进行客户需求定义和产品定位。

（1）$ – 价格

该要素反映了客户希望为一个满意的产品/服务支付的价格，主要从以下方面进行评估：技术、低成本制造、物料、人力成本、制造费用、经验、自动化程度、简易性、可生产性等。

（2）A – 可获得性

该要素描述了客户能否方便地获得产品与服务。该要素考虑整个购买过程的便利程度，包括预售的技术支持和示范、购买渠道/供应商的选择、交付时间、客户定制能力等。

（3）P – 包装

该要素描述了用户期望的产品设计质量、特性和外观等视觉特征。对于包装的考虑应该包括样式、模块性、集成性、结构、颜色、图形、工艺设计等方面。

$（价格） 价格比较	A（可获得性） 购买过程	P（包装） 视觉比较	P（性能） 规格比较
原材料 生产成本 人力成本 管理成本 库存 废料 ……	渠道 交货期 广告 订购 销售 行销 ……	界面设计 布局 尺寸 风格 颜色 结构 ……	速度 功率 规格 容量 精确度 多功能性 ……

E（易用性） 感觉比较	A（保险性） 顾虑和响应	L（生命周期成本） 真实成本比较	S（社会接受程度） 其他方面的影响
可用性 安装 升级 图形化 显示 人类工程学 文档	可靠性 可维修性 保证 质量 安全性 稳定性 完整性	寿命 磨损 正常运行时间 服务 备件 能源 操作成本	品牌 安全 保密 顾问 社会责任 环境的影响 法律关系

图7–7　$APPEALS方法

（4）P－性能

该要素描述了用户对这个产品的功能和特性的期望。产品的工作性能怎么样？产品是否具备所有的必需的和理想的特性？它是否提供更好的性能？这一要素从客户角度来衡量，如速度、功率、容量等。

（5）E－易用性

该要素描述了产品的易用属性，主要考虑客户对产品的舒适度、学习便利性、文档、支持、人性化显示、输入/输出、接口、直观性等方面的要求。

（6）A－保险性

该要素通常反映了产品在可靠性、安全性和质量方面的保证。它包括保证、鉴定、冗余度和强度几个方面的要求。

（7）L－生命周期成本

该要素描述了客户在使用产品时整个生命周期的成本，主要考虑安装成本、培训成本、服务成本、供应成本、能源效率、价值折旧、处理成本等。

（8）S－社会接受程度

该要素描述了影响客户做出购买决定的其他影响因素，主要考虑口头言论、第三方评价、顾问的报告、形象、政府或行业的标准、法规、社会认可、法律关系、产品义务等对用户购买决定起了怎样的促进作用。

7.2 产品营销方案

7.2.1　制订营销方案的编写方法

制订营销方案总共有以下8大步骤。

（1）了解现状

了解现状主要包括以下5个方面：

①市场形势。包括市场规模与增长，过去几年的总量，不同地区的销量，顾客消费变化的趋势。

②产品情况。包括过去几年产品的价格、销量、利润等。

③竞争情况。包括竞争对手的市场规模、目标消费者、产品质量、价格、渠道等。

④分销渠道。本企业各渠道的销售情况，各渠道的相对重要性及变化情况，各经销商经营能力的变化和激励措施的投入等。

⑤宏观环境的变化。

（2）运用SWOT分析法进行情况分析

运用SWOT分析法进行情况分析包括以下3个步骤：

①通过机会、威胁分析，找出外部影响企业未来的因素。

②通过优势、劣势分析，说明企业内部情况。

③通过以上分析，确定营销计划中必须强调、突出的部分。

（3）明确目标

企业想要通过此次营销活动达到什么样的目标或目的。营销目标是在前面目的任务的基础上企业所要实现的具体目标，即营销策划方案执行期间，达到经济效益目标：总销售量为×××万件，预计毛利×××万元，市场占有率实现××。

（4）制定发展战略

制定发展战略主要包括以下3个方面：

①目标市场战略。即企业准备进入的细分市场，考虑运用多少资源、力量。

②市场营销组合策略。针对目标市场，采取什么样的价格、产品、渠道、促销。

③营销预算。这一部分记载的是整个营销方案推进过程中的费用投入，包括营销过程中的总费用、阶段费用、项目费用等，其原则是以较少投入获得最优效果。

（5）制订行动方案

行动方案包括任务月份、期次、节点、活动类型等，建议用表格的形式列出来，使人一目了然，如表7-8所示。

表7-8　营销活动计划

月份	期次	节点	活动类型	活动内容		档期	宣传方式	预算费用	预计目标
				打折	促销				
一月份	1	元旦	节日促销	线上新春活动	打折促销	12.30—1.7	线上推广		
	2	春节	节日促销	虎虎生威，春节不打烊	全场穿戴类商品打三折	1.7—1.28	线上推广		

（6）预测效果

以上步骤均完成后，应对其进行经济效果的预测（如编制损益报告等）。

（7）制定监管措施和应急预案

（8）编制营销活动策划书

营销或高层决策人员多为商业导向，关注企业的市场业绩、竞争地位、产品创新、战略目标等要素；采购或财务人员多为成本导向，关注预算、价格、账期、折扣、性价比等；技术或使用人员多为技术导向，关注产品的技术性能、服务支持、运营效率、成功案例等。对于不同的客户内部人员，提案呈现的角度有所不同。一个完整的营销活动策划书涵盖内容如表7–9所示。

表7–9　营销活动策划书

内容	内容定位	篇幅
封面标题	写明主题、提案人、日期等。客户及供应商的公司全名及Logo应同时出现在封面上。标题引人入胜，可配合客户项目的既定目标拟定	一页
问候	问候语不宜过长（一个段落为宜），以企业及部门为对象，尽量不要指向个人，感谢客户提供的机会和协助	选填
目录页码	在提升文案形象的同时，使内容和顺序一目了然，也方便处于不同关注角度的客户迅速找到自己感兴趣的内容，增加可读性	一页
主旨	可视为提案的概要，主要供客户决策人员阅读。指明如何帮助客户达到既定目标，供应商及方案有哪些亮点	一页
企业介绍	概述客户的经营领域、发展历程、产品优势、行业地位等，表明公司对客户企业的了解与关注，让对方有亲切感	根据需要
现状分析	针对在前期走访中了解到的客户现状、问题、需求及关注等，用文字完成一个系统的梳理、记录和分析，帮助客户界定问题和需求	根据需要
方案建议	基于之前的现状分析，一一呈现特定的客户想要的结果。详细介绍如何提供对策，帮助客户达成既定目标，与“现状分析”单元呼应，使客户一目了然	根据需要
产品叙述	如果所交易的产品或服务较为复杂，技术性强，有必要专门留出一个单元，详细介绍产品或服务的设计构造、性能、使用等，配以图片或具体参数	根据需要
执行	从合同签订直至项目结束的预案包括主要事项、负责人、截止时间等，在显示供应商的准备度、专业性和执行力的同时，增加客户的购买信心	根据需要
报价	就所交易的产品或服务列出价格明细，包括数量、单价、总价或折扣、赠送条款等（不建议第一稿就报价）	选填
结论	回顾产品或服务能够带给客户的利益，强调方案的优势或亮点，表达真诚与信心，并与前面的“主旨”单元相呼应	选填
附件	一切能够支持提案的资料，包括公司资质、成功案例、获奖荣誉及客户特别要求的相关文件	根据需要

7.2.2　风险预判方法

（1）项目风险管理

制定风险管理流程，强化风险意识，项目组全员参与，积累经验和教训。依据项目的实际情况，对每个识别出来的风险确定优先级，制定总的项目风险经验表，包括阶段、活动、风险、严重性、后果、预防、解决方案等。对高优先级风险进行严格的评审，修正风险等级。高优先级风险是指那些高影响且中概率、高影响且高概率、中度影响且高概率的风险。

从识别出来的高优先级风险中选择一个子集（跟踪最高的3～5个风险），完成《风险跟踪表》的填写。每周更新风险跟踪表。项目风险管理流程如下：

①定期分析风险，提前识别，随时调整对风险的预估；

②项目周会、月度会议上应专门讨论并跟踪预估风险，按项目风险经验表中的办法进行应对；

③对所标识的风险及其排序、风险管理和响应计划取得一致认识；

④纠正，形成项目的活动和措施项；

⑤明确响应计划的触发条件；

⑥明确责任人，更新项目风险经验表和模板；

⑦高优先级风险应每周向PDT（产品开发团队）经理报告；

⑧总结和预防，提高项目经理的风险识别能力和应对能力。

（2）风险管理过程（表7-10）

表7-10　风险管理过程

序号	主题	内容
1	风险识别	风险识别包括确定风险的来源，风险产生的条件，描述其风险特征和确定哪些风险事件有可能影响本项目。风险识别不是一次就可以完成的事情，应当在项目的自始至终定期进行。风险识别方法包括访谈法、调查法、头脑风暴法、专题讨论会、历史经验数据、风险数据库、专家建议法、风险标识提问单。常见的风险类别包括市场/客户风险、技术风险、财务风险、制造风险、采购风险、用户服务风险、项目管理风险
2	风险量化评估	涉及对风险及风险的相互作用的评估，衡量风险概率和风险对项目目标影响程度，确定哪些事件需要制定应对措施。比较风险的大小，确定风险的性质。通过对识别的风险进行定性、定量的分析，包括发生的概率、影响的严重性等，进行风险优先级排序
3	风险应对计划制订	针对风险量化的结果，降低项目风险的负面效应制定风险应对策略和技术手段，风险应对计划依据风险管理计划、风险排序、风险认知等依据，得出风险应对计划、剩余风险、次要风险及为其他过程提供的依据
4	风险监控	实时监督和更新风险管理计划，应对风险的纠正措施，识别新的风险并更新计划，确保新的风险在计划中得以体现，风险的升级处理，预留风险的缓冲时间

（3）12种项目风险库（表7-11）

表7-11　12种项目风险库

序号	风险类型	风险描述
1	市场风险	物价变动，替代产品的出现
2	需求风险	太多的需求变更和需求膨胀，需求定义欠佳，而进一步的定义会扩展项目范畴，添加额外的需求，需求确认过程中客户参与不多，缺少有效的需求变化管理过程
3	技术风险	新技术不成熟，会有多种问题出现。新设备材料可能出现各种不可预料的问题，需接受比预期更多的测试、设计和实现工作。开发额外不需要的功能延长计划进度，严格要求与现有系统兼容，需要进行比预期更多的测试、设计和实现工作
4	项目计划风险	计划忽略了必要的任务，计划、资源和产品定义，全凭客户或上层领导口头指令，并且不完全一致。计划基于使用特定的小组成员，而那个小组成员可能无法开展工作。产品规模比估计得大，工作量大于估算数。不实际的进度，过度的进度压力会造成生产率下降。目标日期提前，但是没有相应地调整产品范围或可用资源。一个任务的延迟导致相关任务的连锁反应。涉足不熟悉的产品领域。花费在设计和实现上的时间比预期得多

续表

序号	风险类型	风险描述
5	安全风险	环境影响的风险，工程安全风险
6	技术支持风险	技术支持的可获得性等方面存在风险
7	制造风险	生产过程中出现的风险，如设备故障等
8	物料采购风险	供应商缺货、供应商违约
9	客户风险	客户坚持新的需求，客户没有或不能参与规划、原型和规格阶段的审核，导致需求不稳定和耗时变更。客户对开发进度管理过细，导致实际进度变慢、客户沟通、审核的时间比预期的时间长
10	组织和人员风险	项目组成员没有全身心投入项目，进而无法达到需要的产品性能水平。人力资源损耗与变动、项目后期加入新的开发人员、额外的培训和沟通降低现有成员的效率。项目结束前，合同制人员离开团队。人力资源损耗与变动，项目人员不足，需要的资源在特定时候可能不能获得。有些开发人员只能投入部分精力，缺乏必要的规范导致工作失误与重复工作。项目管理能力匮乏、人员缺乏经验、高层不够重视
11	设计和实现风险	设计质量低下导致重复设计，需要进行额外的测试、修正错误，或重新制作
12	过程风险	大量的纸面工作导致进程比预期的时间慢，过程管理不正规，导致沟通不足、质量欠佳，甚至需返工，导致过多耗时与无用的工作。向管理层撰写进程报告占用开发人员的时间比预期的时间多，未能发现重大的项目风险

（4）风险管理模板（表7-12）

表7-12　风险管理模板

序号	属性	说明
1	风险序号	风险序号，自动更新
2	产品级/模块级	可能导致风险的产品或者模块名称
3	风险类型	技术风险、需求风险等
4	风险描述	详细描述风险的内容
5	发生概率	高（发生概率大于60%）、中（发生概率30%～60%）、低（发生概率小于30%）
6	影响等级	高（产生很大影响，需要严格控制并采取措施）、中（需要预防）、低
7	风险等级	微小、较小、一般、较大和重大
8	风险影响描述	风险对项目质量、周期、成本等方面的影响
9	风险响应措施	利用、避免、接受、转移
10	风险责任人	负责处理和跟踪风险的责任人
11	风险状态	开放、关闭
12	计划解决时间	填写该风险可能解决的时间

第 8 章

直播营销

知识目标

1. 理解直播预演的重要性以及直播营销的概念及优势；
2. 熟悉直播间营销的具体流程及直播间人员分工内容；
3. 掌握直播营销方案的几大要素及直播营销的效果提升策略。

技能目标

1. 运用情绪管控及气氛调动技巧提高直播间转化率；
2. 掌握直播营销策划与实施步骤。

职业素养

1. 拥有恪尽职守、善于思考、团结友爱的职业道德；
2. 具备吃苦耐劳、爱岗敬业、钻研业务的职业精神。

8.1 直播预演

8.1.1 团队配合方法

直播的各个流程和环节需要直播团队的配合，所以在直播预演中要确定每个人的工作安排和职责，做好直播前的准备工作，这样能够提高直播运营的效率，还能培养团队成员之间的默契。

8.1.1.1 明确直播分工

一家零售品牌企业或电商公司，如果准备长期开展电商直播卖货，靠单个人的力量很难把这件事情做好，因此必须先成立一个直播团队。直播团队最重要的是策划和执行，整个团队一般需要以下4个岗位。

（1）直播运营

直播运营相当于直播的总导演。其具体工作包括：

①规划正常直播内容。先确定直播的主题是日常直播还是官方活动直播，然后根据主题去匹配货品和利益点，还要规划好开播的时间段、流量和流量的来源、直播的玩法等。

②团队协调。一方面是外部协调，比如封面图的拍摄、奖品的发放、仓库部门的协调；另一方面是内部协调，包含协调直播人员的直播时间，解决直播期间出现的问题等。

③复盘。在直播结束以后，先要根据部门人员配合的表现，再加上用户数据上的反馈，与前期制定的方案和目标进行详细的数据复盘，吸取经验，总结教训，以便下次改进。

（2）直播场控

直播场控的作用主要是执行直播策划方案，在直播现场协助主播按照方案、计划进行，保证直播现场顺利进行。其主要工作包括：

①开播前进行相关软硬件的调试。

②开播后负责好中控台所有相关的后台操作，包括直播推送、公告发布、产品上架等。

③数据监测。实时监测包括实时在线人数峰值、商品点击率等在内的数据，出现异常情况时要反馈给直播运营。

④指令的接收及传达。比如直播运营有传达的信息，场控就要传达给主播和助理，让他们去告诉观众。

（3）主播

主播是整个直播流程的主角，其既是产品讲解员，又是销售员。主播的主要工作包括：

①开播前，要做到把控整场直播节奏，熟悉产品特性、脚本、利益点等，表达相对流畅，便于用户的转化。

②直播中，注意活跃直播间的气氛，做好粉丝的答疑和与粉丝之间的互动，引导新粉的关注、刺激用户下单购买，需要时刻注意自己在镜头前的表现。

③下播后，如果是企业培养的专业主播，则需要企业在日常运营中通过更多的渠道进行主播IP的打造和宣传，比如店铺主图、店铺首页海报、店铺群等，以及在主播个人微信群、微信号、抖音等新媒体平台上的持续运营、曝光。只有不断提升主播的曝光度，加强个人IP品牌塑造，未来才能吸引更多用户，建立更强的信任度。

（4）主播助理

主播助理的职责主要是配合主播展示产品，与观众互动。其日常工作主要包括：

①开播前需要确认货品、样品及道具的准备是否就位；

②直播过程中要配合场控去协助主播，当观众比较多而主播在讲解时，帮助做互动答疑、链接发送、产品展示及货品整理等工作。

以上这4个岗位是企业做直播的标配，企业也可以根据实际情况调整。

8.1.1.2 做好直播前的准备工作

主播是直播过程中的主角，越大的企业，在直播环节涉及的人员和环节就越复杂。总的来说，不论企业规模大小，直播前期的准备工作都是要做的，主要涉及以下几点。

（1）选品工作

选品分为两种情况：一种是直播卖企业自己品牌或生产的产品，另一种是卖招商过来的其他企业的产品，这个时候选择的维度会不一样。

如果是卖自己的产品，所选出的产品要具备性价比高、符合当下需求、用户口碑好、粉丝需求大4个特点。

如果是卖别人的产品，首先要分析企业的受众，根据用户画像去寻找用户喜欢什么类型的产品、什么价格的产品。其次是分析所选定商品本身，是否满足企业受众的需求。

总的来说，目前直播“好物”的普遍判断标准有：高性价比、高匹配度、需求及时性、产品独特性、粉丝需求大、市场热度高等。

（2）空间、灯光和道具的布置

关于直播间空间、灯光和道具的布置，具体可见表8-1中的一些技巧和原则。

表8-1　直播准备工作

直播准备		具体要求
空间布置	服装类	衣架，挂满需要推介的产品；假人/真人模特1～2个；地毯根据服装风格搭配
	美妆护肤类	专用直播桌（长时间坐姿）；站姿直播需要匹配化妆镜；直播区可选择门店展示柜（品牌方）
灯光布置	原则	直播灯光和背景颜色匹配，不花哨；白色墙面易出现曝光，灯光不要直射墙面；建议背景颜色使用浅灰色或浅棕色，突出主播；主播脸部光照均匀
	服装鞋靴/美妆护肤类	多为白色系冷光，保证服装和化妆品的最佳展示状态
	蛋糕店/食品类	暖色系灯光，烘托美食色泽，让观众更有食欲
道具准备	展示板/小黑板	码数/色号展示，减少主播与客服的压力；展示当日福利产品；写清楚发货情况及特殊说明
	计算器/秒表	帮粉丝算账，提高转化率；营造抢购紧迫感

（3）直播间活动类型

通常需要在直播间设计一些福利活动来保持观众的注意力及活跃度，主要的活动方法和内容如表8-2所示。

表8-2　直播活动内容安排

活动	目的
开场满送	开播前聚集人气，直播间达到指定人数时开启抽奖
整点抽奖	截屏抽奖，让粉丝持续关注直播
问答抽奖	问答抽奖，调动直播间气氛
限量秒杀	使用季节性爆款做限量秒杀，在直播间氛围低的时候推出，瞬间拉高人气
神秘黑盒	可使用福袋、商品搭配、一口价、盲拍、开袋惊喜等不同形式，给粉丝带来惊喜感

（4）直播的流程安排

由于直播的时间长短不一样，直播的具体安排内容也不一样。以晚上20:00—21:10一个多小时的服装直播流程安排为例，直播安排如表8-3所示。

表8-3　直播时间安排表

时间计划	直播流程	直播内容
20:00—20:10	10分钟预热时间，主播打招呼，与粉丝互动，介绍本场直播主题	一边互动，一边介绍产品，透露今日的新款和主推款

续表

时间计划	直播流程	直播内容
20:10—20:15	5分钟总抽奖时间	烘托直播间氛围，制造紧迫感；联系得奖者收货，引导转发直播间，预告下轮活动
20:15—20:35	20分钟产品介绍，讲解2～4件产品	展示款式、颜色、面料、舒适度、搭配效果等；每款讲解5分钟左右，分别搭配展示（具体时间以产品种类和时间节奏而定）
20:35—20:40	5分钟秒杀活动时间	如有秒杀款，则主推秒杀产品（品牌方可适当减少力度和秒杀数量）
20:40—21:00	20分钟产品介绍，讲解3～5件产品	展示款式、颜色、面料、舒适度、搭配效果等；每款讲解4分钟左右，分别搭配展示（具体时间以产品种类和时间节奏而定）
21:00—21:10	结束语，引导粉丝下单，预告下次直播内容	最后几分钟用于回答粉丝关于商品的相关问题

由上表可以看到，一场直播主要分为预热、抽奖、产品介绍、引导下单、下期预告这5个环节。如果直播时间更长，可以再增加一些产品讲解、互动环节。

（5）主播的包装与能力要求

对主播进行清晰的人设IP定位，这是直播后续成功的关键。头部主播之所以受到用户欢迎，跟他们自身彰显的IP形象是分不开的。IP形象越清晰，越能引起用户注意、被他们记住，未来的销售转化力也越强。

主播IP需要在生活、专业、态度价值观等方面进行特定的设计和定位，给用户创造独特的记忆印象，最终拉近品牌跟用户的距离。

对主播人设的包装可以根据主播的性格结合商品、品牌、用户喜好来进行打造。但主播不需要时时刻刻满足用户的喜好，只要在重要时间能够充分满足用户的需求即可。

主播自身的能力也同样关键。一名优秀的主播通常需要具备以下4种能力：

①语言、肢体表达：对商品卖点的讲解清晰，并且穿插互动，良好的沟通表达能带动用户轻松愉快地购物。

②专业度：清晰掌握产品的卖点和用户的痛点，真诚地帮助用户选品推荐，做到有理有据。

③心理素质：能够稳定自如地应对直播过程中的突发情况，完美解答用户的各种疑问和质疑。

④幽默技巧：能够使用幽默的语言，让卖货直播不枯燥。

（6）直播脚本准备

直播就像一场戏，直播运营是导演，主播是演员。既然如此，直播都应该有自己的脚本。脚本策划这项工作主要有3个重要环节。

①直播脚本设计。脚本设计需要关注以下这些问题：本次直播的流程是怎么样的，它的

亮点和定位是什么？如何创造销售场景或吸引用户购买，成交的路径怎么设置？整个直播过程中如何不断地抓住用户眼球，吸引他们的注意力？

②直播脚本的彩排测试。这个环节很重要，再好的脚本都需要在上台前仔细地练习。直播团队每个人都要分工明确、掌控脚本时间、全流程彩排、检查商品物料。彩排测试应做到精确计算，确保直播时万无一失。

③直播的内部试播及关键点再次测试。这整个环节需要在真实环境下模拟演练，找出问题，训练团队的配合默契度。当这些完成之后，可以根据反馈再次调整。

当以上的工作都做完，一切准备就绪，就可以进行直播环节了。

8.1.2　直播营销方案

直播已经成为各个企业或品牌商开展营销活动的重要手段。随着电商平台对直播活动的持续投入，用户通过直播购物习惯的逐渐养成，直播营销产业链的逐渐成熟，再加上5G技术的进一步普及和运用，直播营销在未来将呈现爆发式的成长状态，引领内容营销的新潮流。

8.1.2.1　直播营销的优势

（1）即时互动性

传统的营销方式通常是由企业/品牌商发布营销信息，用户被动地接收信息。在这个过程中，企业/品牌商无法立刻了解用户对营销信息的接收情况和用户对营销信息的态度。

而直播具有良好的互动性，在直播过程中，企业/品牌商在向用户呈现营销信息的同时，用户也可以针对营销信息发言和互动，参与到直播活动中。这样既有利于增强用户的参与感，又调动了直播间的氛围。针对某些话题，甚至可以形成意向用户、围观用户以及企业/品牌商三方之间的强烈互动，真正实现企业/品牌商与用户之间、用户与用户之间的深度互动，实现营销效果最大化。

（2）场景真实性

在营销活动中，真实、高质量的商品是企业/品牌商赢得用户信任的第一步。在传统的营销方式中，无论是图文式广告，还是视频类广告，它们虽然制作精良，极具吸引力，但是有些用户往往会对其真实性存在质疑，因为它们都是提前制作好的成品，制作过程中经过了大量人为的剪辑和美化。而通过直播的形式，企业/品牌商不仅可以展示商品的生产环境、生产过程，让用户了解商品真实的制作过程，获得用户的信任，还可以展示商品的试吃、试玩、试用等过程，让用户直观地了解商品的使用效果，从而刺激用户的购买欲。

（3）效果直观性

消费者在线下购买商品时，容易受到外部环境的影响。线上购物也是如此，主播对商品的现场展示和介绍，以及直播间内很多人争相下单购买的氛围，很容易刺激其他用户直接下单购买商品。同时，在直播过程中，直播运营团队可以看到直播间的实时数据，了解直播间内商品的售卖情况，及时掌握直播活动的营销效果。

8.1.2.2 直播营销活动的基本流程

在进行直播的营销推广之前，要做好直播营销的方案，直播运营团队要对直播营销活动的整体流程进行规划和设计，以保障直播营销活动能顺畅进行，确保直播营销活动的有效性。这样才能按部就班、循序渐进地执行直播的宣传推广工作。

（1）定目标：明确直播营销要实现的目标

对于企业/品牌商来说，直播是一种营销手段，因此直播时不能只有简单的才艺表演或话题分享，而要围绕企业/品牌商的营销目标来展开，否则直播只能是“闭门造车”，无法给企业/品牌商带来实际的效益。

企业/品牌商可以参考SMART原则来制定直播营销目标，尽量让营销目标科学化、明确化、规范化。SMART原则的内容如图8-1所示。

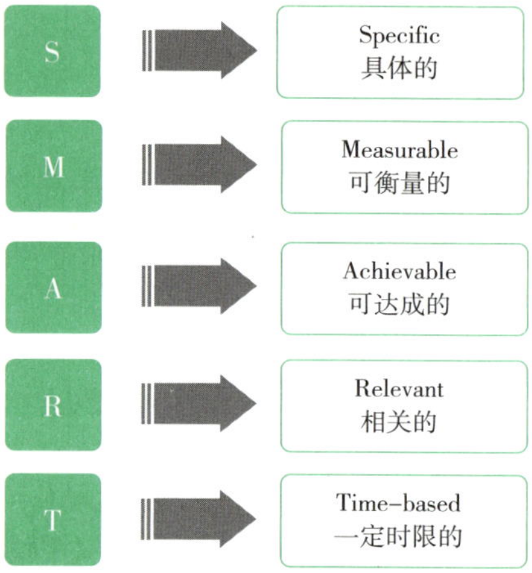

图8-1 SMART原则的内容

①具体性。具体性是指要用具体的语言清楚地表明要达到的目标，营销目标要切中特定的指标，不能笼统、不清晰。例如，“借助此次直播营销提高品牌影响力”就不是一个具体的目标；而“借助此次直播营销提高品牌官方微信公众号的粉丝数量”就是一个具体的目标。

②可衡量性。可衡量性是指营销目标应该是数量化的或行为化的，应该有一组明确的数据作为衡量目标是否达到的标准。例如，“利用此次直播营销提高店铺的日销售额”就不是一个可衡量的目标；而“利用此次直播营销让店铺的日销售额达到50万元”则是一个可衡量的目标。

③可实现性。可实现性是指目标要客观，是通过付出努力能够实现的。例如，企业/品牌商开展的上一场直播吸引了5万人观看，于是企业/品牌商“将此次直播要吸引的用户人数设定为100万人”，显然这个目标很不切实际，难以实现；而“将吸引观看的人数设定为7万人或10万人”则相对合理，是可能实现的。

④相关性。相关性是指直播营销的目标要与企业/品牌商设定的其他营销目标是相关的。例如，很多企业/品牌商会在电商平台运营网店将某次直播营销的目标设定为“网店首页24小时内的访问量提高80%”，这个目标是符合相关性要求的；而如果企业/品牌商将某次直播营销的目标设定为“将商品的生产合格率由91%提高至96%”，则这个目标是不符合相关性要求的，因为直播活动无法帮助商品的生产方提升合格率。

⑤时限性。时限性是指目标的达成要有时间限制，这样的目标才有督促作用，避免目标的实现被拖延。例如，“借助直播营销让新品销量突破10万件”，这个目标是缺乏时限的；而“直播结束后24小时内新品销量突破10万件”，这个目标则是符合时限性要求的。

（2）写方案：将抽象思路具体化

开展直播营销要有完整的营销思路，但仅靠思路是无法实现营销目的的。直播运营团队需要将抽象的思路转换成具象的文字表达，用方案的形式呈现出来，并将其传达给参与直播的所有人员，以保证直播活动的顺利进行。

直播方案一般用于直播运营团队的内部沟通，目的是让参与直播的人员熟悉直播活动的流程和分工。直播方案要简明扼要，直达主题。一般来说，直播的营销方案主要有5大要点，其具体内容如下。

①直播营销目的。直播营销的方案首先要具备的要素就是确定好营销的目的，直播运营需要告诉参与直播营销的工作人员，直播的营销目的是什么。具体目的包括通过直播要完成产品销售的业绩目标、宣传产品的品牌口碑等。例如，“618”将至，某电脑品牌为了提高新品预售的销量和扩大产品品牌的影响力，在直播平台进行产品营销的直播。

②营销内容简介。直播营销方案需要对直播营销的主要内容进行概括，包括直播营销的主题、直播营销的形式、直播营销的平台等。

③营销人员分工。直播营销方案需要分配好直播营销工作人员，比如渠道的寻找、内容的制作、推广的执行等。只有落实好直播营销工作的人员安排，才能确保直播营销的顺利进行，也才有可能取得预期的营销效果。

④把控时间节点。在直播营销的推广过程中，要规划好直播营销的时间节点，一般而言，时间节点包括两个部分，一个是直播的整体时间节点，包括直播的开始时间和结束时间等；另一个是直播营销的每个环节的时间节点。直播营销的时间规划有利于保证直播营销工作的按时进行，减少主观因素导致的工作延期。

⑤控制成本预算。在直播的营销方案中，要估算好直播营销活动的成本大概有多少，以及自己可以承受的预算是多少，只有弄清楚这些问题，才能评估直播的营销效果和后期带来的收益。如果在实际执行的过程中出现了预算超支的情况，就要通知相关人员进行调整，以确保直播营销能实现利益的最大化。

（3）做宣传：做好直播宣传规划

为了达到良好的营销效果，在直播活动开始前，直播运营团队要对直播活动进行宣传。与泛娱乐类直播不同，带有营销性质的直播追求的并不是简单的“在线观看人数”，而是“目标用户在线观看人数”。

例如，对于一场推广母婴用品的直播，从营销的角度来讲，直播运营团队应该尽量吸引婴幼儿的父母、爷爷、奶奶等人进入直播间，而如果直播运营团队因为追求直播的在线观看人数而吸引了很多大学生来观看直播，这对实现直播营销目标是没有价值的。因此，直播宣传要有针对性，尽可能多地吸引目标用户来观看。具体来讲，直播运营团队在设计直播宣传规划时，可以从以下3个方面入手。

①选择合适的宣传平台。不同的用户喜欢在不同的媒体平台浏览信息，直播运营团队需要分析目标用户群体的上网行为习惯，选择在目标用户群体经常出现或活跃的平台发布直播宣传信息，为直播尽可能多地吸引目标用户。

②选择合适的宣传形式。选择合适的宣传形式是指直播运营团队要选择符合宣传媒体平台特性的信息展现方式来推送宣传信息。例如，在微博平台上，直播运营团队可以采用“文字+图片/短视频”的形式来宣传直播活动；在微信群、微信朋友圈、微信公众号中，直播运营团队可以推送九宫格图、创意信息长图来宣传直播活动；在抖音、快手等平台上，直播运营团队可以通过短视频来宣传直播活动。

③选择合适的宣传频率。在新媒体时代，用户在浏览信息时自主选择的余地较大，用户可以根据自己的喜好来选择所需要的信息，因此，如果直播运营团队过于频繁地向用户推送直播活动宣传信息，很可能会引起用户的反感，导致其屏蔽相关信息。为了避免出现这种情况，直播运营团队可以在用户能够承受的最大宣传频率的基础上设计多轮宣传。例如，如果用户能够承受“两天一次广告”的宣传频率，那么直播运营团队就可以在直播活动开始前6天、前4天、前2天，以及直播活动当天分别向用户推送直播活动宣传信息，以达到良好的宣传效果。

（4）备硬件：筹备直播活动硬件支持

为了确保直播的顺利进行，在开始直播前，直播运营团队需要筹备必要的硬件，包括场地选择、直播设备、直播辅助设备等。

①场地选择。直播营销活动的场地分为室外场地和室内场地。常见的室外场地有公园、商场、广场、景区、游乐场、商品生产基地等，常见的室内场地有店铺、办公室、咖啡馆、发布会场地等。直播运营团队要根据直播营销活动策划的需要选择合适的直播场地，选定场地后要对场地进行适当的布置，为直播营销活动创造良好的直播环境。

②直播设备。在直播筹备阶段，直播运营团队要将直播使用到的手机、摄像头、灯光、网络等直播设备调试好，防止设备发生故障，以免影响直播活动的顺利进行。

③直播辅助设备。直播辅助设备包括直播商品、直播活动宣传物料、直播中需要用到的辅助道具等。

商品作为直播营销活动的主角，在直播开始前就应当准备好，以便在直播过程中主播能够快速地找到并进行展示。直播活动宣传物料包括直播宣传海报、直播宣传贴纸等各种能够在直播镜头中出现的宣传物料。辅助道具包括商品照片、做趣味实验要用到的工具、计算器等，巧妙地使用辅助道具能够帮助主播更好地展示商品，让用户理解直播内容和商品特性。

（5）开直播：直播营销活动的执行

做好直播前的一系列筹备工作后，接下来就是正式执行直播营销活动。要想确保直播营销方案的落实和执行，直播营销各环节的工作人员就需要对自己的工作内容胸有成竹。直播营销方案的执行规划主要有以下3个方面：

①项目操作。项目操作规划的作用是保证直播营销完全落实，主要的形式有项目操盘规划表。

②项目进度。项目进度规划是对方案执行的细节进行完善，是为了保证直播营销能够如期完成。

③宣传推广。在直播开始前，需要对直播进行宣传预热，以便达到更好的直播营销效果。

（6）再传播：二次传播，放大直播效果

直播结束并不意味着整个直播工作的结束。在直播结束后，直播运营团队可以将直播活动的视频进行二次加工，在抖音、快手、微信、微博等平台上进行二次传播，最大限度地放大直播效果。

为了保证直播活动二次传播的有效性和目的性，直播运营团队可以参考图8–2所示的3个步骤来设计直播活动的二次传播计划。

图8–2　直播活动二次传播计划基本流程

①明确目标。设计直播活动二次传播计划，首先要明确实施传播计划要实现的目标，如提高品牌知名度、提高品牌美誉度、提高商品销量等。在此需要注意的是，直播活动二次传播计划要实现的目标并非孤立的，而应当与企业/品牌商制定的整体市场营销目标相匹配。

②选择传播形式。明确了传播目标以后，直播运营团队要选择合适的传播形式将直播活动的二次传播信息发布到媒体平台上。目前常见的传播形式有视频、软文两种，直播运营团队可以选择其中一种形式，也可以将两种形式组合起来。

A．直播视频传播。在直播结束后，通过视频的形式分享直播活动的现场情况是直播活动二次传播的有效方式之一。直播活动二次传播视频的制作包括录制直播画面、直播画面浓缩摘要和直播片段截取3种方式。

a．录制直播画面。直播运营团队可以将直播画面全程录制下来，也就是说，直播运营团队一边做实时画面的直播，一边录制直播画面，这样直播结束后，就可以直接用录制的文件来制作直播回放视频，错过实时直播的用户可以通过观看直播回放视频来获取直播内容。直播运营团队在制作直播回放视频时，可以为其添加上片头、片尾、名称、主要参与人员等信息，以增强直播回放视频的吸引力。

b．直播画面浓缩摘要。直播画面浓缩摘要的制作逻辑与电视新闻的制作逻辑基本相同，即直播运营团队将直播画面录制下来后，删除那些没有价值的画面，选取关键的直播画面制作成视频，并为视频画面添加旁白或解说。

c．直播片段截取。直播运营团队也可以从直播中截取有趣、温暖、有意义的片段，将其制作成视频发布到合适的媒体平台上。例如，一些头部主播都会将自己在直播中有趣的片段剪辑成短视频发布在快手和抖音平台上。

B．直播软文传播。直播软文传播是将直播活动的细节撰写成软文并发布到相关媒体平台上，用图文描述的形式向用户分享直播内容。直播运营团队撰写直播软文时，可以从分享行业资讯、提炼观点、分享主播经历、分享体验和分享直播心得等角度切入。

a．分享行业资讯。对于严肃主题的直播，直播运营团队可以撰写行业资讯类软文来对直播活动进行二次传播。在行业资讯类软文中插入直播画面或直播视频片段，从而吸引更多的业内人士关注或回看直播。

b．提炼观点。提炼观点是指将直播活动的核心内容，如新品的主要功能、企业未来的发展方向、产品未来的研发方向等提炼出来，并撰写成软文。

c．分享主播经历。主播可以用第一人称撰写一篇类似日记、工作日志的软文，在软文中回顾直播过程。与用第三人称撰写的文章相比，用第一人称撰写的文章更有温度，也更容易拉近主播与用户之间的心理距离，所以采取这种方式推广直播更容易引起用户的阅读兴趣。

d．分享体验。分享体验就是从用户的角度出发，撰写一篇描述观看直播的体验或感受的软文。由于这种推广软文不是从直播运营团队的角度来写的，而是以用户的视角来写的，体现的是用户的亲身感受，所以更具吸引力和说服力。

e．分享直播心得。分享直播心得就是直播运营团队从操盘者的角度来撰写一篇分享直播幕后故事的软文，软文的主题可以是“如何策划一场直播”“直播宣传引流三部曲”等。

③选择媒体平台。确定了传播形式以后，直播运营团队要将制作好的信息发布到合适的媒体平台上。如果是视频形式的信息，可以发布在抖音、快手、秒拍等平台上；如果是软文形式的信息，可以发布在微信公众号、知乎、百家号等平台上。

（7）做复盘：直播后经验总结

复盘本来是一个围棋术语，指的是对弈结束后，双方棋手复演该盘棋的记录，以检查自己在对局中招法的优劣与得失。在直播营销中，复盘就是直播运营团队在直播结束后对本次直播进行回顾，评判直播营销的效果，总结直播的经验教训，为后续直播提供参考。

对于效果超过预期的直播活动，直播运营团队要分析直播各个环节的成功之处，为后续直播积累成功经验；对于效果未达到预期的直播活动，直播运营团队要总结此次直播的失误之处，并寻找改善方式，以避免在后续的直播中再次出现相同或类似的失误。

直播营销复盘包括直播间数据分析和直播经验总结两个部分，其中，直播间数据分析主要是利用直播中形成的客观数据对直播进行复盘，体现的是直播的客观效果；直播经验总结主要是从主观层面对直播过程进行分析与总结，分析的内容包括直播流程设计、团队协作效率、主播现场表现等，直播运营团队通过自我总结、团队讨论等方式对这些无法通过客观数据表现的内容进行分析，并将其整理成经验手册，为后续开展直播活动提供有效的参考。

8.2 直播售卖应注意的问题

8.2.1 个人情绪管控技巧

在电商直播里，主播与粉丝本质上是一种弱社交的关系，货品和主播自身的能力就是其中的纽带，而这个纽带的强弱在某种程度上就代表了粉丝对主播的信任感和依赖感以及忠诚度。

如果一个总是容易情绪失控、无法及时正确地调整心态以及敏感型的主播，不能有效地对自我进行情绪管理。那么，在长期和粉丝的相处中就会逐渐消磨他们的信任与忠诚。

8.2.1.1 情绪管理的意义

心理学家认为，情绪管理包括以下几个方面的内容：①认识自身的情绪。因为只有认识自己，才能成为自己生活的主宰。②能妥善管理自己的情绪，即能调控自己。③自我激励，它能够使人走出生命中的低潮，重新出发。④认知他人的情绪。这是与他人正常交往，实现顺利沟通的基础。⑤人际关系的管理，即具备领导和管理能力。

现如今直播行业风生水起，市场要求日益增高，竞争压力越来越大，主播们再也不只是单方面地比拼卖货能力，而变成了一种“格局”的竞争。这使得主播们不得不努力提升自我，时刻保持着一种高强度工作的状态，时间长了，难免会有各种各样的情绪积累，而对于情绪的能量，无论好坏，如果不去处理，就会累积、转化，并常常在意想不到的状态下爆发出来。

情绪管理并不是一味地压抑，而是需要疏导与化解。毫不夸张地说，情绪的管理能够直接地影响一场直播的优质度，从而间接地影响转化率、流量、粉丝等。所以，如何控制和调整自己的情绪、如何利用好情绪是每个主播的必修课。

8.2.1.2 管理情绪的方法

（1）反问自己

很多时候，情绪的出现是无理由或弱理由的，经不起推敲和反问，无论是什么原因导致自己出现了不好的情绪，不妨试着反问自己以下问题：

因为哪件事产生了这种情绪？这件事能解决吗？有什么样的解决方式？为什么会有这样的情绪？自己最在意的点在哪里？如果把这件事放到明天或者一周以后看，还重要吗？如果现在去做一件别的事，会对这件事的解决有帮助吗？如果对别人转述现在的情况，可以在5分钟内说清楚吗？

然后，试着把这件事对一个自己信任并且敬佩的人转述一次，90%的情况下，它最终会让自己淡然一笑。

很多主播都喜欢隐藏自己内心真实的想法，有时甚至习惯自己欺骗自己，而反问能让自己的内心无处隐藏，正面积极地去解决情绪问题。

（2）运动排解

人在运动时，大脑中会分泌一种可以支配的心理和行为的肽类。其中一种叫作“内啡肽”的物质，科学家称之为“快乐素”，它作用于人体能使人产生愉悦。建议主播们愤怒时可以练拳击，压力大时可以练瑜伽，抑郁悲观时可以去跑步，难过悲伤时可以去游泳等。

（3）耐心交流

一个优秀的主播除了有极佳的卖货能力，还要和粉丝有良好的交流和对粉丝有充足的耐心。

卖货卖的是货，但服务的是消费者，无论卖的货有多“硬”，情绪服务也是很重要的，一场直播的销售技巧、内容精彩程度、货品性价比是很重要，但服务好才是王道，而服务好的前提就是要主播时刻调整好自己的情绪。线上直播不同于线下，电商直播对于即时服务似乎没有那么看重，消费者的体验度也普遍比较低。

但是随着电商直播的愈加成熟，主播会越来越看重服务这一块，尤其是情绪服务，有时候主播的耐心细致的交流比主播的货“硬”带来的粉丝更多，因为耐心的交流会带来一种“情绪侵染”，情绪是有反噬性的，只有对粉丝耐心细致，时间久了粉丝才会对直播内容产生耐心，如此一来，主播不仅能下意识地调整好自己的情绪，也能充分地调动和认知粉丝的情绪。总之，“人、货、场”排在首位的永远是人，以人为本，要以耐心的交流付诸消费者，让情绪服务最大化。

（4）深呼吸

情绪的调节在于“方寸不乱”。“方寸”指的是在身体前面中线与胸前间交汇处，当负面情绪产生时，用手感受这个部位紊乱的气息，深吸一口气冲散紊乱的气息，使其井然有序，然后深呼，将气吐出，循环几次就能变得平静下来。

（5）审视自己

当感觉自己情绪低潮时，不妨平稳下来，调整心态，从一种对抗的逆反心理变成虚心接受的态度。“偏听则暗，兼听则明”，倾听多方面的意见，才更容易明辨是非，做出理性的判断。

向质疑自己的人（粉丝/家人/朋友等）提问，确认关键信息的准确性以及自己是否完全理解，弄明白他们到底想表达什么以及为什么要说这些。以“是否对直播目标有益”为判断准则，而不是暗自揣摩“他是否是在针对我”。每个人都有各自不同的出发点，尝试从新的立场看待问题，会有不一样的感悟。

思考质疑与批评。如果确认对方的批评是正确的、有益的。那么不要犹豫，“马上采取行动”才是接下来要做的事情。

8.2.2　气氛调动技巧

（1）播放合适的背景音乐

众所周知，电视剧和电影中经常会播放背景音乐用来烘托剧情，直播的时候播放一些适当的背景音乐也容易提升粉丝的观看体验。背景音乐的作用不容忽视，既能活跃气氛，控制直播的节奏，也能为主播在直播的时候减少直播压力。

主播可以多播放一些热门歌曲，让进入直播间的粉丝喜欢这个音乐的可能性更大一些，除了可以让新来的观众对直播间产生好感，背景音乐也让粉丝觉得主播是一个跟得上潮流的主播。例如，凌晨档的主播，可以播放一些舒缓的音乐，夜晚的人群总是感性的，感性的背后有着强大的购买力和依赖性。

（2）直播间环境调整

舒适、清晰的视觉体验，能够大幅加深浏览深度，每直播几场之后都可以根据直播的效果对直播间进行优化，注意装饰不宜过于杂乱。

产品摆放也有一定的讲究。手机镜头能拍摄到的范围是相对比较小的，所以要将品质比较好的产品摆放在醒目的位置，同时周边的产品尽量不要太乱，避免杂乱的摆设给人质量差的感觉。

（3）主动向来到直播间的人打招呼

有亲和力的主播更容易吸引粉丝，吸引粉丝关注，吸引粉丝与主播互动。进入直播间会主动打招呼或问好的主播更能让粉丝觉得这是一个乐观开朗、阳光向上的主播。

（4）直播时间段划分

一场直播可以分为不同的时段，总体分为三个时间段：前半场、中场休息、后半场。

前半场：以吸粉为主，因为权重好流量高。

中场休息：以娱乐为主，调动直播间气氛和状态，不要一味地推销。

后半场：以转化为主，提供高性价比的产品，做一些促销、秒杀等活动，提高直播间的活跃度。

（5）学习同类大主播

俗话说：内行看门道，外行看热闹。作为主播也需要学习，向那些做得好的主播学习。

看那些做得好的主播是如何与粉丝互动的，聊的哪些话题，直播间人少的时候他们在干什么，背景音乐都播放了哪些，带着这样的问题去看那些做直播比较好的主播一定能学到很多东西。

不断地看直播，总结自己的直播状况，结合别人做得好的地方，为自己确定一个直播路线和一套直播方法。

（6）踩节奏多做活动

很多商家都说做活动都没人参与，那是因为没有踩着节奏做活动。大部分商家在没人的时候做活动，企图用活动把人气带起来，最后发现，尽管是免费送，但是没有人领。

做活动之前，最好先活跃一下直播间。直播运营团队可以通过转发分享、引导好友或者老客户进入直播间互动的方式，先把直播间的人气提高起来。当发现不少新粉丝陆陆续续进入直播间时，意味着直播间里已经开始有新粉丝在活跃，所以这时候就要做留人的动作——宣布等下会发放福利或者抽奖。例如，“进来的粉丝们不要着急，马上发放一波福利，买不买不要紧，来到我们的直播间就是一种缘分，关注主播，免费送你一份精美礼品，感受我们的热情与质量！”

（7）竞拍秒杀“炒”氛围

竞拍秒杀“炒”氛围是最容易将氛围炒到最高点的。竞拍拼的是价高者得，秒杀拼的是手速，一群人同时抢购某一样东西的时候，这时候抢的已经不是商品，而是乐趣。

抓住粉丝内心的需求，营造这种竞拍秒杀的氛围，最终会发现，不管是哪个粉丝进入直播间，都能被带动着一起参与抢购，直播间的氛围自然而然就越来越热。

8.2.3 用户反馈的鉴别技巧

用户反馈问题，其实从某种角度来说，用户已经使用过产品，且用户觉得自己付出了一定的交易成本，但是却得不到满足，并且在找平台反馈时（反馈的成本要小于自己的收益，或者预期收益较大时才会反馈）已经有心理预期。

反馈问题的渠道有很多种，有些平台特别重视用户反馈的问题，专门设立了“客服回访小组”，通过人工沟通处理用户的问题，最常见的是在产品上有一个客服反馈入口，有的时候用户处于的使用场景不同，找到的反馈渠道也不同，有些是评论、私信或者添加客服微信等。

最终要如何处理好用户反馈的问题，以及用户反馈的问题如何高效处理和安抚用户的情绪以及结果反馈，对用户都特别的重要。

8.2.3.1 收集问题

面向B端（Business，企业用户商家）的问题，尤其要及时回应，因为影响一个B端，背后其实影响着未知的C端（Consumer，消费者个人用户）体验，尤其是2B（To Business 企业对企业之间的营销关系）又影响2C（To Consumer，个人与个人之间的营销关系）的平台，所以响应速度尤其重要。

用户反馈的问题种类繁多，主要分为以下3大类。

（1）针对体验问题

体验类问题，无非就是用户对产品使用的理解成本高，或者觉得使用时的体验感觉，没有达到自己的预期等。

针对体验类问题，并不能马上就能处理好，而是需要学会判断，同时记录好相关数据。

例如，影响不严重，反馈数据不多，可能就需要另行判断；如果影响不严重，但是反馈数据多，这个时候就需要严谨对待，可以用四象限法则来进行梳理。

针对体验问题，运营团队可以主动出击，通过用户访谈的方式来调研产品的某个功能、某个板块对用户的体验是怎么样的、有什么问题、用户在什么场景下使用这款产品、为什么会使用、使用的目的，以及对这个功能的期望等。

从调研角度来讲，一款功能上线后数据好不好，研发这个功能的产品经理需要对其负责，用户访谈其实是提升数据、获取功能对用户的体验的一个很好的方式。

（2）针对BUG（故障）问题

BUG通常是相对比较紧急，可能严重影响用户使用的问题。从产品、运营、技术方面都不希望BUG出现，一旦出现后，就需要马上处理。

在收集问题环节，针对如何提高BUG的处理效率，收集问题人员需要做以下分析：

首先需要学会定位BUG，有些BUG可能不是问题，或者问题能直接处理，无需提交到研发，否则会增加解决问题的时间成本。

定位问题的方式视用户情况、产品不同，定位的方式会有些差异，但是会有些基本相同的东西，需要用户提供证据（包括视频、截图），比如在微信小程序里面，相同的产品很多，有时用户拿了一个其他企业的产品来向客服反馈，如果客服和用户互动了半天，还未看到问题的证据，那证明收集问题的人员自身有问题。

收集问题人员对产品业务比较熟悉时，一般有些简单问题，在证据环节就能马上给出对应的解决方案，而再难一点的问题，就需要用户提供相关操作步骤，以便更好地处理问题。

其次是需要判断“问题的影响程度”，可以用四象限法则进行梳理，在这个前提下需要界定“是核心流程还是分支流程”，核心流程就不需要分析，定位清楚问题后直接处理。

面向用户提供的BUG，收集人员必须要自己走一遍流程，需要确认是否复现，还是个别用户会出现。如果个别用户会出现，有可能是机型兼容问题，需要进一步找到对应机型来操作一遍，如果未复现，就有可能是环境或者其他原因，这类型就会变成偶现BUG类型。

（3）针对需求问题

一个产品的功能，源自用户的需求，不是源自功能本身，这个时候如果用户在使用产品时发现原有功能未能满足自己想达到的目的时，就有可能会找客服倾诉反馈。

但不是所有的功能诉求，都是能被满足的，原因是“开发资源永远是稀缺的”，调用资源时，需要考虑付出的成本是否低于收益，如果是，则是可以考虑，当远不止这些，还得计算收益与成本的指数是多少，当然越高越好。

在问题收集时，特别考验收集人员的沟通技巧，因为需要挖掘用户背后的核心诉求、包括用户为什么需要这个功能、在什么场景下使用、想达到什么目的、是否有替代方案等，这相当于一次用户访谈调研。

8.2.3.2 提交问题

提交问题，涉及内部协作，需要让技术部门根据问题的重要性和轻重缓急进行排期处理。收集问题如果做好的话，问题已经解决了一半。

解决问题，除非出现那种整体崩盘、大面积影响的重大问题，其他问题直接在部门内找到相关负责人来紧急处理，这类的问题包括服务器异常、某个主流程功能无法打开等。

提交问题必须有标准规范流程，因为标准所以才会高效，从用户反馈→收集人员收集→技术。如果没有标准，问题处理起来技术端口就会增加理解成本，从而导致处理问题时变得低效。

8.2.3.3 跟进问题

跟进问题，也是需要有协作规范的，并且反馈问题和问题解决进度反馈的端口一致。

内部制定标准规范，所有的问题都需要技术对问题的造成原因进行描述，甚至还要说明处理的方法，以及处理好后对未来是否有隐患。这样问题跟进起来，特别明了，也能追责，当再次遇到问题时，也能快速处理。

8.2.3.4 反馈结果

反馈结果，一般都是实时的，问题解决的情况、预期解决的时间要实时地反馈，减少相互之间的沟通成本，提升解决问题的效率。

在反馈过程中，有些用户会有情绪，这个时候比较考验收集问题人员的安抚能力，需要站在用户角度来安抚，而且还不能把话说得太绝对。

关于问题收集，需要有很好的反馈入口，尤其是BUG类型，用户往往带着不满的情绪，来反馈时有的时候相当于是找地方发泄，尤其是带着非常不满情绪的这类用户，安抚和处理进度反馈特别重要，对于这类用户处理需要特别谨慎地对待。

而针对处理问题的效率如何提升，需要内部有良好的协作机制，最好有标准规范流程，以及特别考验收集问题人员的分析能力以及对产品业务的熟悉程度，这将决定问题是否能够被很好地且快速地处理完。另外，用户如果是需求类型，考验的是一个人的沟通技巧，在这个研发资源稀缺的环境下，不是所有功能都能被满足，只有效用高于成本时，才会被重视。

收集用户的入口不是有一个入口就行，还需要考虑用户反馈的成本。比如有些平台可以直接选择评价，这就是一种反馈，而有些面向B端类型的产品，可能考虑面谈沟通，有些是在线聊天，有些是加微信，为的是能够快速处理好问题。

一般来说，用户特别在乎的问题都是和自己利益相关的，不管问题大小用户都会说得特别严重，所以判断和定位问题特别重要。总之，定位问题越清晰，内部协作有标准的规范流程，协作处理效率才会越高。

第 9 章

视频创推

知识目标

1. 理解产品关键词的重要性及提炼方式；
2. 熟悉视频创意方案与拍摄方案的设计与制定方法；
3. 掌握视频制作的基本流程及视频推广的相关技巧。

技能目标

1. 运用数据监控工具对视频作品及直播效果进行监控运营；
2. 掌握视频拍摄的流程及方法，使视频达到推广的基本要求。

职业素养

1. 拥有勇于创新、爱岗敬业、孜孜不倦的职业道德；
2. 具备精益求精、严谨认真、弘扬正气的职业精神。

9.1 视频制作

9.1.1 产品关键词提炼的技巧

做网络营销产品推广，信息传播是主要方式之一，而产品关键词是这其中的基础。如果没有合适的关键词，怎么获得更多的长尾词、句子，哪里有那么多的标题有机组合呢？

（1）从产品本身挖掘关键字

从产品本身挖掘关键字是最基础的工作，如果营销人员对自己的产品都不了解，那么其他的工作更无法开展。首先应对产品名称、型号、规格参数、卖点等都了如指掌，然后围绕着这些比较关键的字、词组合不同的标题。

（2）从客户搜索习惯出发挖掘关键词

首先需要了解产品的目标客户，客户的搜索习惯是什么。很多人购买产品并不一定知道产品的核心结构，只会用自己知道的字、词去搜索。比如客户不知道哪些地方有自己需要的东西，客户会怎么搜？这个是做网络营销产品推广人员要掌握的事。很多电商平台的后台会统计客户是通过哪些关键字发现产品的，可以将这些数据收集并整理，以备使用。

（3）从搜索引擎上挖掘有效关键词

搜索引擎的使用，是获得产品关键词的有效手段之一。搜索引擎出现的相关搜索与下拉词就是用户常用的词。也许是产品词，也许是行业资讯的关键词。有效选择，并合理地使用。例如，在搜索出来的原来的词基础上加上某些字会有不同的字段出现，而在最下面的相关词上点击某个词又会在新的页面出现新的组合词。这样反复操作后，会组合出很多相关的长尾词。现在的搜索引擎更加智能化，更加注重用户的体验。

（4）从问答平台上挖掘关键词

通过问答平台，向其他人学习做问答营销的技巧，如将什么关键词放在什么地方，该用什么词巧妙地将问题组合起来。可以把这些词选取下来留作自己使用，也可以在不同方式的推广中使用。

（5）从查词工具上深入挖掘关键词

查词工具包括查词、站长工具等。这些先进的查词工具，不仅让搜索的词出现很多的长尾词等，更是在旁边出现这些词相应的搜索次数、相关度等衡量指标。营销人员需要根据这些指标有的放矢，选择合适的词。

（6）借助主流的商贸平台挖掘关键词

大型的B2B（Business to Business，企业对企业）等贸易平台，也是使用人数比较多的站点。由于它们是专业的网商平台，在一定程度上是比一般的搜索引擎更专业。它们的搜索引擎出现的下拉词的相关度会更高，因为这些词都是与产品有关的。用好空格会让选词更为丰富一些。

（7）从平台的内页类目上挖掘关键词

内页，就是类B2B平台首页的行业类目细分。罗列产品相关的众多关键词，将这些词进行筛选，酌情使用。

（8）关注行业资讯，挖掘软文的关键

关注行业的最新动态，获取行业资讯的关键词。选择性地将这些关键词放在产品信息里，或者用于写行业的文章、发表话题，都是很有意义的事。

9.1.2　创意方案的设计方法

为了更好地理解什么是策略，下面以豆瓣推出的品牌影片（图9-1为豆瓣首部品牌影片《我们的精神角落》）作为案例，来解读策略的含义。

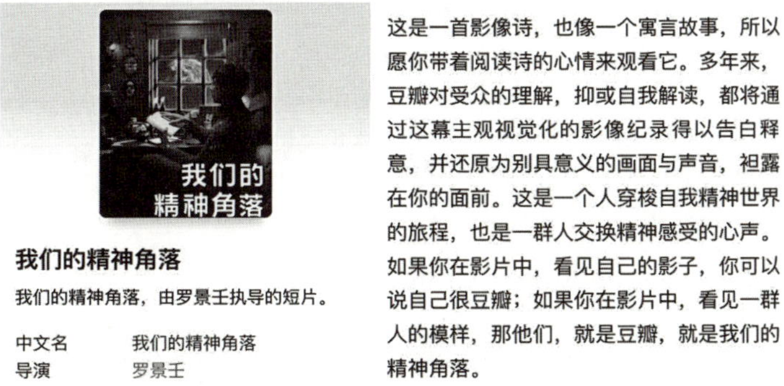

图9-1 《我们的精神角落》影片介绍

就视频制作的体系而言，制作视频首先要确定策略，然后决定创意，最后才是执行。因为如果一开始就想创意，那么传播目标是否能达成将不好确定。

下面将从策略、创意和执行3个层面来看下豆瓣是如何实现这次营销的。如图9-2所示。

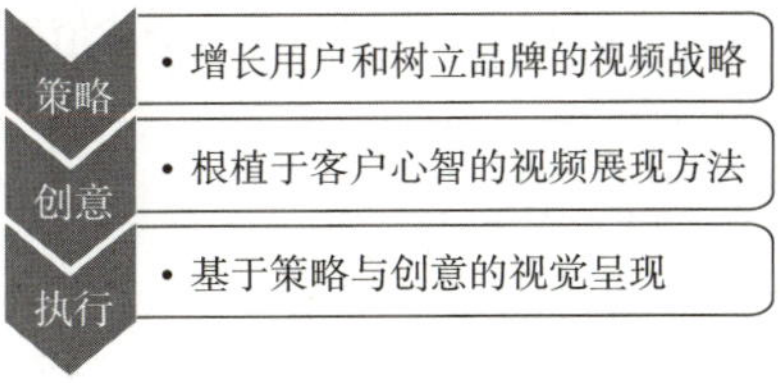

图9-2　科学的视频营销流程

9.1.2.1　用户洞察

首先要看策略。策略，就是通过一系列的手段，达到传播目的的宏观蓝图和战略思想。

策略的研究和思考包括确定传播目标，对用户进行洞察，然后提出能够满足他们实际和潜意识中的需求的关键信息，从而达到传播目标。

提到用户洞察，最基本的就是用户画像。豆瓣用户具有以下特点：主要年龄范围应该是18～35岁，他们都有着相对较高的教育水平；行为上多喜欢看电影，尤其是文艺电影；喜欢读书和音乐，属于“文艺青年”。很多30多岁的用户往往在多年前就开始使用豆瓣。

接下来把用户群体细分为两个部分。首先是18～25岁的用户，这些人大部分未婚，还是标准的“文艺青年”，但是文艺青年也有生活的压力。对于25～30岁的部分已婚群体，以及28～35岁部分有孩子的群体，他们曾经是豆瓣的用户，但是可能由于生活的现实使他们很少有时间看文艺片、读书和听音乐，工作的压力让他们慢慢远离了曾经的“精神家园”。

这些远离了曾经的“精神家园”的用户很有可能曾经是豆瓣最主要的客户群体，那时候他们正值青春年华。而今天的年轻人有了更多的网络接触资源，豆瓣的份额会相应下降。造成的结果是，对于豆瓣而言，两个细分群体的黏性都不如以前。所以无论是出于自身发展、变现的考虑，还是出于竞争压力、融资计划等，都需要一个品牌传播。

于是，根据对消费者的洞察，豆瓣制定了策略内容，下面我们来具体分析一下豆瓣是如何确定策略的，如表9–1所示。

表9–1　确定策略

策略	具体内容
传播目标	本次视频营销的传播目标
信息主题	确定传播的信息主题思想
锚定客户群体	本次视频营销需针对哪些细分群体，这些群体的人口学、心理属性、社会习惯
消费者利益	产品主打的卖点是什么，主打的卖点满足了消费者什么利益
客户情感价值	产品满足了客户什么情感，什么价值观

（1）传播目标

根据前面的消费者洞察，豆瓣的第一目标显然是吸引新的年轻用户，第二目标是加强曾经的豆瓣用户黏性。与此同时，传播和强化豆瓣的核心价值观。从结果来看，第一目标完成得不算成功，因为目前从Social Listening（社会化聆听）来看，新的群体并没有太多被豆瓣吸引。但是第二目标完成得不错，通过传播品牌价值让很多人重新纪念了豆瓣，也纪念了自己的青春。

（2）信息主题

信息主题（Key Message，也称关键信息）提炼得不错，因为基于传播目标和用户洞察，“我们的精神世界”非常恰当。首先是“我们的”，体现群体的个性，归属；其次是“精神世界”，强调用户追求的阅读、音乐和电影都是满足他们内心精神所需要的，准确地表达了诉求和传播理念。

（3）客户群体

按照群体分析，用户群体应该细分为两个部分，但是显然这个影片更多定位的是第二个部分，也就是豆瓣的铁杆粉丝。对于新的群体，没有重点考虑。

（4）消费者利益和情感价值

这个策略主要是为了满足消费者的情感利益和精神价值。对于这部分群体，必须满足的情感价值包括认同感（相对精神层面比较小众）和文艺兴趣（电影、小说和音乐等）。

（5）能够满足利益的证据

能够满足利益的证据包括以下2个方面：

①豆瓣的主要内容是电影、小说和音乐的社区，所以可以满足用户文艺方面的兴趣。

②豆瓣上汇集了大量的小众文艺青年，他们可以发表文章，可以交互，形成了一个很好的讨论环境，彼此之间容易找到认同感。

9.1.2.2　确定创意方案

基于上面的策略内容，豆瓣做出了视频创意方案，如图9–3所示。

用第一视角的一次梦幻出游作为线索，将许多真实的、虚幻的、书中的、电影里的场景串联起来，虽然没有豆瓣的具象内容，但是处处都是豆瓣的精神内容。信息源主人公在自己的精神角落中冒险，偶尔与人交流，不求共鸣，经历作为一个极其平凡的人原本难以得到的体验。诉求类型采用情感方式，运用幻想的执行框架。

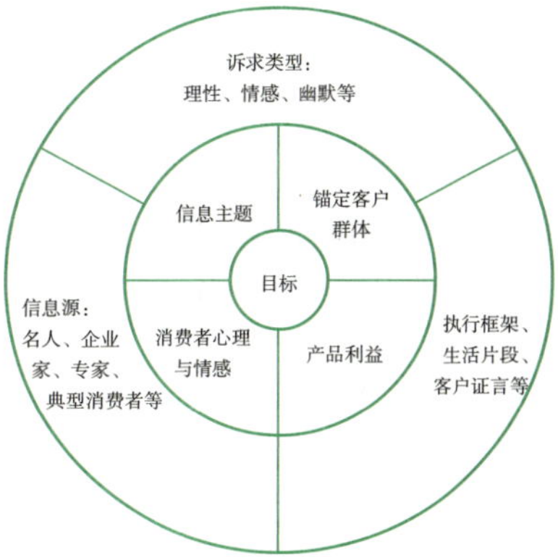

图9–3　视频创意方案

9.1.3　拍摄方案的制定方法

创意方案确定后，下一步便是执行拍摄，在拍摄之前还需要进行拍摄方案的制定，我们依旧以《我们的精神角落》为例。

（1）视频结构

在执行这个创意的过程中，首先采用第一人称的视角，更容易表现自我、精神、超自然的感觉，从而实现创意中的“梦幻精神出游”。

（2）视听语言

在摄影语言上，不用高品质的电影画质，因为那样会太“主流”，而是采用文艺片的典型风格——色彩反差大、阴影重，运动不是非常稳定，并欲以此得到文艺用户的认同。而大量类似GoPro（运动相机）拍摄风格的非常规镜头的使用——利用一些超广角，形成一种画面的畸变，从而产生想象的幻觉，则更能体现“精神世界”的概念。

（3）场景设计

按照创意，要出现电影和书里面的场景。所以主人公的游离，其实就是经历了一系列电影和书的故事的场景或内容，可能这也是很多非文艺青年看得莫名其妙的地方。这部影片里面有《2001太空漫游》《沉默的羔羊》《生化危机3：灭绝》等电影情节，所以画面并不是莫名其妙的，而是在向经典致敬。在这个方面上，选的很多是豆瓣用户喜欢的作品，遗憾的是，毕竟大部分人还是不太明白。

（4）文案设计

用一种文艺十足的语言风格，表达“精神视角”，同时用一些诗性的语言，表达目标群体的心声：他们有压力，他们有自己的兴趣，他们可能不被理解，他们有自己的精神世界。从秘密切入，然后展开细节，最后让目标群体清楚理解：秘密就是豆瓣，就是我们的精神世界。

“有时候，我张开双手拥抱这个世界。”但是他并没有拥抱这个世界，他一直被精神病的外套所束缚，他的手一直抱着的都是自己。所以精神病的外套，一直代表着现实中的束缚。在遇到爱情之后，飞入宇宙飞船（暗示远离现实）；带着自己的刀，把精神病服划开（挣脱自我）；再次进入开篇的那个小屋（精神角落），窗子外是遥远的地球。束缚被自己挣脱，暗示只有在这个角落，肢体是舒展的，人是自在的。之后，开篇的那句独白再次响起：除了一个小秘密，我只是一个极其平凡的人。最后结束时豆瓣Logo的露出，暗示这个小秘密，就是豆瓣。

从整体传播的角度，由于传播范围广（新闻App、社群、微信、视频网站、映前广告、户外和地铁等渠道），有一定的争议性，而且噱头十足（广大文艺青年的精神家园，从来不屑于做广告，不屑于让别人理解的豆瓣居然做广告了），所以传播效果是相当显著的。并且就评论而言，积极声音也是有一定量的，从策略到执行，满足了粉丝的精神需求和一定程度上的社会认同，但是对于获得新粉丝和用户方面，则显得有点不足。或许这不是此次运动的主要目标，能够达到这样的效果，已经算很成功了。

9.1.4 专业拍摄设备及使用方法

9.1.4.1 拍摄设备

如今视频领域的发展越来越快，视频拍摄已经成为数码相机的第二生命力。但是，视频拍摄与静态图片拍摄有着很大区别，如果想要拍摄一段合格的营销视频，需要哪些装备？

（1）主机与镜头

如今家用DV市场已经萎缩殆尽，普通人拍摄视频，首选必然是相机，而且很多相机的视频性能已经直逼入门级专业摄像机。

现在的相机都能拍摄视频，但是如果我们以视频拍摄为主要目的，需要考虑的因素包括：相机的视频分辨率、视频帧率等。

如何选择镜头，对于视频拍摄来说，镜头的需求和照片拍摄有所不同。视频拍摄对于光圈的要求并不算高，所以并不一定非要F1.4的大光圈，但是视频拍摄最常用的焦段，一个是广角，例如16～35mm的镜头，另外一个是中长焦，例如50～135mm的镜头。

（2）稳定设备

视频拍摄对于稳定性要求非常高。首先视频拍摄并不能一直手持拍摄，必须要借助于独脚架、三脚架或者云台，如图9-4所示。

图9-4　稳定设备

对于独脚架或者三脚架，大部分摄影使用的独脚架和三脚架是可以满足需求的，但是视频拍摄时，需要更换视频云台。视频云台的作用，是通过油压或者液压，实现均匀的阻尼变化，从而实现镜头中“摇”的动作，所以视频云台对于稳定设备来说，是非常重要的。

对于稳定器的选择，常见的有手机稳定器、微单稳定器和单反稳定器（大承重稳定器）。

选择稳定器，首先要考虑稳定器的承载能力，如果使用的是小型微单设备，选择微单稳定器就可以，但是如果使用的设备重量较大，哪怕是微单设备，如果镜头比较大，可以选择更大型的单反稳定器。

选择稳定器还需要考虑两个因素：一个是稳定器和正在使用的相机型号是否能够进行机身电子跟焦，如果不能则需要考虑购买跟焦器；另一个是使用稳定器时，必须进行调平，虽然有些稳定器可以模糊调平，但是严格调平，使用起来更高效。

（3）收声设备

收声设备是最容易被忽略的视频设备，但是视频拍摄是图像+声音，因此收声设备非常重要。

收声依靠内置麦克风是远远不够的，因此需要外置麦克风。最常见的外置麦克风包括无线麦克风，又称“小蜜蜂”，或者指向性麦克风，也就是一般常见的机顶麦，如图9-5所示。

图9-5　机顶麦

麦克风的种类非常多，不同的麦克风适用于不同的拍摄场景。无线麦克风一般更适合现场采访、在线授课、视频直播等环境。而机顶麦更适合一些现场收声的环境，如微电影录制、多人采访等。

机顶麦种类也有很多，主要是根据指向性进行区分，首先话筒可以分为全向型话筒和指向型话筒，这种一般是用于室内舞台收音，很少用于日常视频录制。

在指向型话筒中，可以分为心型、超心型、8字型等不同指向型，在日常拍摄时，一般选择心型或者超心型麦克风作为收声设备，这一类设备更适合录制日常的Vlog视频，而枪型麦克风，更多用于视频采访或者电影录制等环境。

通常为了更好地保证收声效果，如果相机具备耳机接口，尽可能使用监听耳机进行监听，保证声音的正确。另外，室外拍摄时，风声是对收声最大的挑战，所以在室外拍摄时一定要用防风罩降低风噪。

（4）灯光

灯光设备对于视频拍摄同样非常重要，因为视频拍摄是以人物为主体的，所以拍摄团队很多时候都需要用到灯光设备。灯光设备并不属于日常视频录制的必备器材，但是如果想要获得更好的视频画质，灯光是必不可少的。

对于日常拍摄来说，如果不是大型直播活动或者高质量视频拍摄，是不需要大型灯光的，一些小型的LED补光灯就足够用了，如图9–6所示。

图9–6　LED补光灯

（5）视频拍摄的其他套件

日常视频拍摄时，为了更好地实现拍摄，一般还需要一些辅助配件。最常见的配件包括：监视器、外录机、提词器、支架、图传、挑杆等。但是这些设备并不属于日常视频拍摄的必备设备，因此这里不做过多介绍。

9.1.4.2　拍摄技巧

（1）构图是关键

在绘画、摄影和平面构图设计中最讲究的就是构图，创作者要根据要求把题材和主题表现出来，结合好。要想构成一幅协调完整的画面，就要把计划表现的形象适当组织好。

新生事物短视频的制作要注意和传统艺术结合，注重构图。拍摄过程中防止画面混乱，拍摄的对象如果表现得不突出，可以通过构图将作品主题突出出来，主次要分明，画面要简洁明晰，让人看起来有赏心悦目的感觉。

（2）防抖不可少

我们经常会看到，有些人拍摄的视频画面抖动得厉害，让人感觉很不舒服。即使视频画面再好，当画面抖动得厉害时观众的视觉感也同样不好。那么该如何防止抖动的问题呢?

①利用防抖器材，比如三脚架、独脚架、防抖稳定器等。拍摄团队可以根据一定的器材配备1～2个。

②拍摄时要注意动作和姿势，避免动作的大幅度调整。比如在移动拍摄视频的时候，上半身的动作量应减少，下半身缓慢小碎步移动；走路的时候保持上半身稳定，只移动下半身；镜头需要转动时，以上半身为旋转轴心，尽量保持双手关节不动来拍摄。

（3）要懂得运镜

拍摄时注意画面要有一定的变化，一个焦距不要摆很长时间，一个姿势不能拍全过程，要通过一些推、拉、跟镜头，横着的运动摇晃镜头使画面变化感十足。比如人物定点拍摄的时候，要注意通过推镜头来进行全景、中景、近景、特写来实现整个画面的切换变化，反之，画面会显得很乏味。

（4）注意光线的运用

众所周知，不管是拍视频还是拍照片，光线运用得好，可以让拍摄的照片或视频效果提升不少。在拍摄的过程中要运用顺光、逆光、侧逆光、散射光等来突出表现物体与人物，同时要确保视频的清晰度，场地的光线不足时，可以适当使用打光来补足。

（5）后期制作来加分

视频拍摄好后，还要进行后期的剪辑制作，如画面的切换、字幕、背景音乐、特效等。自己的创作主题、剪辑思路要清晰、可用脚本进行制作，编辑过程中可加入转场特技、蒙太奇效果、多画面、画中画效果和画面调色等，但需注意特效不要过度，合理的特效是酷炫，但过多会给人眼花缭乱的感觉。

（6）时长要适当

短视频的时长最好控制在60秒以内，现在大多数短视频平台上播放的视频都是在20～60秒之间。对大多数的人来讲，在30秒之后注意力就开始下降了，所以视频的拍摄时间不宜过长，最好控制在60秒之内。

9.1.5　素材包装方法

拍摄好视频素材后，接下来是剪辑包装。剪辑需与内容及账号创意、剧情、风格相一致，总体原则是“短平快”，增强视频的信息密度、趣味性及视觉冲击力。在剪辑上，创作者的自由度较高，而在画面包装上，则有许多经验可循。

9.1.5.1　画面包装

（1）片头加入个人风格吸睛

视频片头最重要的是要引人入胜，趣味十足的片头能够提升内容质量。某知名网红的视频片头就采用了年轻人比较喜欢的快节奏剪辑方式，不仅展现了其浓郁的个人风格，也可以作为视频节目开始前的“高能预警”。

例如，一条开箱视频中，片头内容便是“无聊的开箱”，这个片头一点都不无聊。这种“无聊又不无聊”的风格实际上极具特色，创作者将拆快递设置为片头，作为开箱体验的前奏。俯拍视角，用户更容易被代入其中。

还有一些针对用户群体偏好制作的片头，比如某美妆博主一直深耕二次元短视频平台，深受二次元粉丝的青睐，其片头融入了动漫与和风元素，具有较高的辨识度。

（2）片头风格要符合内容调性

不是所有的片头都要走搞笑创意路线，需要根据内容调性而定。比如生活类视频就更适合温馨休闲的片头，某生活类账号的片头使用了恬静的生活片段和食材准备的花絮，这种方式让美食制作过程更加完整，更具生活气息，充满诗意。

影评类视频为了突显品类特性，片头更需要强调个性化。某影评类博主的视频开头特意模仿了好莱坞电影制作公司的片头，“低配版”好莱坞，趣味十足，画风复古怀旧。

此外，片头的字体也需要仔细考量。比如黑体给人较为正式、冷酷的感觉，适合专业性强的视频内容；幼圆体给人可爱憨厚的感觉，适合活泼搞笑的视频内容。

（3）引入并强化Logo及IP形象

自媒体要有打造品牌的意识，需设计出一个与众不同的Logo或IP形象，并在视频中强化。可以将这个Logo作为简单片头，或者将Logo放置在画面一角，时刻“冲击”观众的眼球，以留下深刻印象。

（4）片头片尾快节奏、相呼应

视频由于时长限制，片头不宜过长，一般设置在3秒以内为宜。片头时间过长容易让用户失去对后续内容的兴趣，影响用户体验。此外，如果能让片尾和片头呼应，视频整体感会更强。

好的片尾可以提升播放完成度。片尾最基本的要求就是短，不抢内容的风头；另外可在观众可接受程度内，加一些互动、转化、导流点，特别是大家比较喜欢的抽奖环节，可以通过抽奖提高互动率。其中重点是抽奖细节信息的设置，比如在片头发布抽奖信息，在片尾公布中奖名单，这也有助于刺激播放完成度的增长。

9.1.5.2 配乐选取

视频是用视听讲故事，内容和背景音乐的结合需要一种情绪贯穿始终。视频中加入合适的背景音乐，更有代入感，能够调动观众的情绪，增强画面传递的感情，从听觉上给人以美的享受。

（1）掌握视频情绪节奏，配合主题选择

拍摄时就要想好要表达的主题。BGM（Back Ground Music，背景音乐）的选用涉及一个主观情绪问题，要先弄清楚情绪的设定对象，具体到片中的人或者事甚至画面，然后再根据人、事、画面的情绪来选择。也可以按照拍摄的时间顺序先进行简单粗剪，再分析一下视频的节奏，根据感觉去搜寻音乐。然后找准配乐的节奏，将素材按照配乐的节奏拼接剪辑起来。

（2）新手可选纯音乐，歌词内容需完美搭配

音乐的选用可以是歌曲，也可以是纯音乐。新手可以尽量找纯音乐，纯音乐不受歌词的影响，且自身所带的情感色彩并不多，包容性更强。如果是选择歌曲，歌词和内容完美搭配起来无疑是加分项。挑选时要细致，不要一味寻求旋律、节拍而忽视了歌词，否则会起反作用。

（3）建立音乐素材库，随手分类、整理、积累

选择BGM是一个从简单到困难再到简单的过程。必须要有敏锐的嗅觉和丰富的经历支持，才能培养出对音乐的感知。需要多听、多想、培养感觉，还需要素材的积累，遇到比较好的音乐，分类整理起来，也可以收藏别人的素材。逐渐建立起自己的音乐素材库，这样选择BGM时就不会抓耳挠腮了。

当然，选取配乐也有很多“临时抱佛脚”的实用攻略，如通过音乐软件中的歌单查找，前往专业付费曲库下载等。

9.2 视频推广

9.2.1 投放对象的选择要求

为了更好地帮助短视频创作者推广自己的短视频作品，一些短视频平台相继推出了付费推广服务，如抖音的DOU+（为抖音创作者提供的视频加热工具）。

以抖音APP为例，投放DOU+的短视频需要经过抖音系统审核，只有通过审核的短视频才可以投放DOU+。短视频创作者在投放DOU+之前，要保证短视频作品的质量。

（1）视频制作要求

抖音系统对投放DOU+的短视频的要求主要包括以下几个方面：

①制作精细，质量优良，内容完整，画面清晰等；

②坚持原创，短视频中不能含有其他视频账号和其他平台的水印等；

③营销有道，不能长时间展示商品及品牌，不能出现明显的营销类内容；

④把握底线，不能包含违法违规、令人不适的内容，如内容低俗、虚假宣传等。

（2）审核未通过原因

如果短视频中存在如表9-2所示的几种情况，则无法通过DOU+审核。

表9-2　DOU+投放无法通过审核的情况

问题类型	说明
短视频质量差	短视频内容不完整。画面模糊，画面存在拉伸现象，短视频画面中没有内容等
非原创短视频	短视频非原创，是搬运而来的；短视频中含有其他平台水印、其他视频账号；短视频是明显的录屏视频等
存在明显的广告营销类内容	①短视频和短视频描述中出现电话、微信号、QQ号、二维码、微信公众号、地址等联系方式 ②短视频中含有明显的招揽信息，例如： a. 标题招揽：“专业、有效的孩子课后辅导，就找×××” b. 口播招揽/在短视频标题中说明品牌功效：“××沐浴露，使用后让皮肤芳香、光滑、有弹性，孕妇、小孩均可使用” c. 价格招揽：“××眼霜，原价200元，现在只需150元，全国包邮” ③短视频中含有明显的品牌营销信息，例如： a. 在短视频中出现某品牌Logo的定帧画面 b. 短视频的右上角出现品牌水印 ④短视频中含有非抖音官方入库的贴纸 ⑤短视频中出现带有指向性的企业店铺名称

续表

问题类型	说明
存在隐性风险	短视频的内容低俗、不健康，含有令人不适的内容；短视频倡导的是非正向价值观；短视频中出现欺诈内容；短视频文案中存在虚假宣传的词汇、广告违禁词等
存在侵权风险	短视频中存在未获得授权的名人肖像画面、影视片段、赛事视频片段等

9.2.2 流量资源的筛选要求

短视频平台目前的日活跃用户数量十分可观，所以视频营销缺少的从来都不是流量，而是精准流量。当视频创作者通过视频引流过来几千人，最终只成交几十人时，他们才会意识到精准流量的重要性。

当流量不够精准时，不仅会造成转化率低的结果，还会浪费大量的时间来维护和管理。但大多数刚刚接触视频营销的人，都强烈要求流量，至于精准不精准暂时不考虑，因为这部分人都认为只要有了流量，成交就很简单，而现实是流量的问题解决了，但成交的问题却没那么简单。

所以，从最终的结果看，成交客户的多少除了客户成交能力之外，更重要的是通过视频引流过来的客户是否精准，如果精准，那在后面成交就比较容易。

通过视频营销获得的流量，大多数都是被动流量，多数都是用户通过搜索相关关键词，或通过大数据算法依据关键词推送看到创作者的视频，觉得内容好、有收获最终联系创作者。

那么，创作者应该如何通过关键词去筛选出精准的流量呢？

（1）查找所在领域的行业词、产品词

每个关键词的背后都是一个巨大的精准目标客户渠道，如果找到的关键词越多，那么就意味着背后的流量越大。所以，可以从行业词、产品词开始深挖相关的关键词，获得更多精准的流量。

行业词一般能轻松列出三五个，如果要列出更多的词，需要借力同行，看他们主要优化哪些关键词，通过这样的方法，利用视频来优化这些关键词，很容易获得排名。然后把同一个视频发布到多个视频平台，获得大量的精准流量。

有些人只有一个视频，对这一个视频进行重复修改，优化不同的关键词，虽然这个办法可以将视频排名，但最终会发现，有可能播放量很高，但最后的引流效果不好，就是因为视频内容客户已经重复观看了。

所以，最好针对不同的关键词策划不同的视频，这样不仅能获得精准流量，还可以通过系列视频快速获得用户信任，为成交做良好的铺垫。

（2）回访客户经常搜索关键词

查找关键词的第二种方式就是要针对咨询的客户，回访他们是怎么找到创作者的，这样就会找到更加精准的关键词，这批关键词会比前面那一批关键词更好，都是用户当下搜索的，然后立刻策划优质的商品，进行优化，让视频快速获得客户的排名。

回访是一个漫长的过程，也是了解目标客户非常重要的一个点，可以为视频创作者在下一个环节制作优质视频提供有利的条件。只要持续向客户贡献价值，客户也会把他们心中的疑问和创作者想要的答案进行分享，这样能辅助创作者更好地做好视频营销。

（3）目标人群经常去哪些网站，每天搜索什么关键词

查找目标客户经常去哪些网站，方法主要有两种：一种是通过行业词搜索，查找相关网站；另一种是回访目标客户，看看他们经常去哪些网站，后续就可以在这些网站投放广告，上传大量的视频，发布大量的文章，视频创作者也能够获得大量精准流量。前提是必须要对目标客户了如指掌，他们经常喜欢上哪些视频网站，通过一段时间的调查就会非常清晰了，这也是要将同一个视频发布在所有视频平台的原因。

所以，操作视频营销被动流量，关键词是重要的一个点，要想获得更多精准的流量，不仅要增加精准的关键词，还要增加视频上传平台的数量、增加视频数量、增加视频发布频率，而且要持续做下去，这样才能获得更多精准的流量。

9.2.3　数据监控工具的使用方法

随着短视频行业的快速发展，市场诞生了许多短视频领域的内容创作者。要做好短视频的创作和运营，专业的数据分析工具是必不可少的。

（1）卡思数据

卡思数据是短视频大数据开放平台，如图9–7所示。卡思数据主要有MCN（多频道网络）管理、热门视频、抖音BGM、话题、平台热点、智能筛选、粉丝解析等主要功能板块。

①MCN管理：这个主要是卡思数据为MCN机构提供红人管理的工具。支持认领各个短视频平台的红人，可随时查看相关红人的各项运营数据，如粉丝趋势、视频的数据趋势等，可以根据红人的潜力和不足，从而及时调整运营策略。

②热门视频：支持各大短视频平台热门视频查询，方便内容创作者进行参考和借鉴。

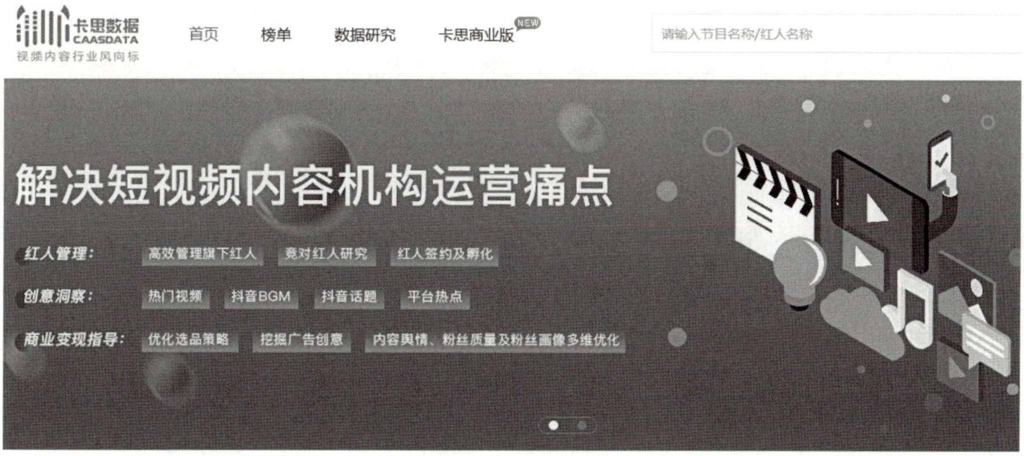

图9–7　卡思数据

③抖音BGM：通过“总榜、周榜和日榜”来反映不同周期内的最热BGM，方便内容创作者结合热门BGM进行内容制作。

④话题：话题分为“挑战赛”和“普通话题”。支持用户按照“话题类型、所属行业、发起者、时间范围、播放量、参与人数、话题热度”等进行筛选或直接选择。对于内容创作者来说，可针对话题热点进行内容创作；对于品牌方来说，可查看本品牌或者竞品品牌挑战赛的投放效果。

⑤平台热点：通过对近7天各大平台的视频发文关键词和用户评论关键词进行分析，可得出各平台的词云图，还可以根据热词筛选出相关视频，相关背景音乐、相关话题，进一步加强内容创作者对平台热点的洞察能力。

⑥智能筛选：基于红人的内容分类、粉丝质量、视频数据表现、商业属性、粉丝画像（年龄、性别、地域）以及营销预算，来帮助广告主、广告公司筛选所需KOL（头部红人）资源，快速制定精准、有效的自媒体组合投放策略。

⑦粉丝解析：从粉丝质量（粉丝贡献、互动参与、优质粉丝）、粉丝画像、粉丝兴趣等维度全面解析红人粉丝，以此更全面地解读红人的商业价值以及粉丝的兴趣偏好，帮助广告主找到最具性价比、效果最优的KOL红人（关键意见领袖）。

（2）飞瓜数据平台

飞瓜数据是一个专业的短视频数据分析平台，如图9-8所示。飞瓜数据可以做单个账号的数据管理，也可以对单个视频做数据追踪，查看实时数据情况。

①热门素材：可以查询当前热门音乐、话题、视频、评论等，帮助创作者选取更多有效素材进行创作。

②播主查找：可以查看播主排行榜、方便研究竞品数据和对标账号。

③数据监测：可以实现我的账号、我的商品、视频监控、账号对比功能。

④电商分析：这个功能可以将账号的带货能力进行分析。电商视频搜索、好物榜、店铺排行榜、电商达人销量榜，帮助电商企业进行选品和销量分析。

除此之外，通过飞瓜数据还能搜集到品牌排行、品牌多维对比、淘客推广排行等数据。

图9-8　飞瓜数据

飞瓜数据分为免费版和收费版，很多功能要付费才可以使用。

(3) 火烧云数据

火烧云数据是哔哩哔哩广告投放的大数据分析平台，如图9–9所示。

图9–9　火烧云数据

①排行榜单：排行榜单由总榜、月涨掉粉榜、周涨掉粉榜、日涨掉粉榜组成。

②UP主搜索：可以根据关键词查询，精确搜索、相似搜索、模糊语义匹配提供强大的媒体主账号搜索功能；也可以进行高级搜索，多层分类定向搜索，如行业分类、粉丝数、播放数、评论数等。

③品牌植入查询：可以根据产品/品牌广告全站搜索，UP主视频作品或相簿动态，通过标题、简介、标签、评论等维度解析作品内容，隐藏广告立即现形。还支持多层筛选，可以选择一级、二级分类标签，粉丝数量、浏览数量、点赞数量。可以选择15天、30天、60天、90天、180天查询市场产品广告投放频率，让广告投放档期选择更加精准。

④数据监测：提供即时/预约监控，投前投后数据监测双保险，可锁定已发布作品和目标账号24小时、48小时、72小时监测，无需实时紧盯账号动态，即可监测目标账号或者广告投放效果跟进。并且可对发布作品实现24小时、48小时、72小时的分钟级监测，一键跟进广告投放实时数据，提前预警和判断“水军”操作。

⑤相似账号查询：确定1个投放账号就可以一键查到1000个相似账号，可以提高投放效率。

在账号的详情页面提供以下功能的数据详情：

A. 历史作品内容：呈现账号历史作品的核心数据，包括作品数量、每篇作品内容、作品播放/点赞/收藏/评论数据、作品标签等。

B. 历史数据统计：用图表形式直观展现账号周度、月度播放数、弹幕数、收藏数、点赞数、评论数等数据变化趋势。

C. 相似账号：可快速查找到意向账号的相似账号，提高账号查找效率，节约时间成本。

D. 收藏账号：可实现自定义分组收藏需要的账号。

E. UP主数据趋势：统计UP主6大维度数据分析周增量、总量趋势变化。

F. 监控UP主新作：监测UP主下次发文，查看最新数据动态。

G. 投前分析：根据UP主单作品数据趋势、粉丝画像、作品画像确定投放方案。

H. 商品广告报告：分析UP主商品/产品广告信息量及品牌云图和排名。

I. 竞品投放查询：查询竞品及相似品牌投放，更准确地甄别UP主的价值。

第 10 章

技术支持与互动管理

知识目标

1. 理解互联网营销过程中设备管理的重要性;
2. 熟悉互联网营销团队协作规则的编写方法;
3. 掌握舆论数据及实时数据的查看方法。

技能目标

1. 运用互联网营销实时数据的获取方式，通过实时数据分析营销效果，提高转化率;
2. 掌握基础设备管理能力及重要数据的分析能力。

职业素养

1. 拥有善于思考、迎难而上、勇于挑战的职业道德;
2. 具备团结协作、乐于助人、钻研业务的职业精神。

10.1 运维管理

10.1.1　设备管理的要求

（1）直播桌面管理

直播桌面管理包括以下4个方面的内容。

①产品摆放：由主播配合编导负责直播台面产品的摆放。

②直播产品垃圾整理：由主播负责当场直播过程中产生垃圾的归类整理。

③产品出入库：每场直播由主播到样品仓库领取当日直播产品并登记。

④产品损耗统计：由主播统计当场直播消耗的样品类别和数量，并提交给运营存档。

（2）直播设备管理

直播设备管理包括以下3个方面的内容。

①设备管理：直播间设备由专人统一负责出入库管理，由技术管理组负责设备领用、设备调试以及维护。

②设备开关电源：由设备技术管理组（技术管理组人员不足时由运营接替）负责直播间所有设备电源的开关。

③设备清点：每场直播由运营负责设备的清点并登记。

（3）直播内容管理

直播内容管理包括以下7个方面的内容。

①直播方案：由运营和编导共同负责每场直播的直播方案，确定直播主题、促销创意策划和脚本的编写，并给出当场直播的执行细化方案。

②线上直播间建立：由运营负责线上直播间的建立，产品上传。建立直播间所需要的封面图、导航条等素材由美工在开播前一天提交给运营。

③数据统计：由运营负责当场直播过程数据统计和数据截图。

④直播产品价格确定：由运营提前一天确定当日直播过程中的产品的最终售价和优惠政策。

⑤内容宣发：由运营负责每次直播内容的发布。

⑥直播脚本：由编导在每次直播开播前1个小时给出开播脚本。

⑦主播人设提升：运营根据后台数据和主播直播表现，完善主播的人设和直播风格，每周提交一份主播本周上播状态分析并存档。

（4）直播场景管理

直播场景管理包括以下4个方面的内容。

①直播镜头切换：由编导负责每场直播过程中镜头的切换。

②产品视频切换：由编导负责每场直播过程中视频的切换。

③直播过程记录：由编导对每场直播的关键帧和关键画面进行切片、存档。

④主播数据提升：主播对自己当日直播栏目的核心数据汇总统计，核心直播数据包括增粉数、粉丝互动人数、粉丝互动次数、订单数、成交金额。

（5）直播样品管理

直播样品管理包括以下3个方面的内容。

①样品收发：由运营负责直播间样品寄送需求提交，样品需求以表格的形式提交给商家。

②样品入库：由样品管理员（运营组负责）负责商家寄送到企业的样品的入库和归类，每周公布一次直播间的样品数量。

③样品出库：每日直播所需的样品，由主播到样品管理员处领取当日直播样品并登记。

（6）直播人员管理

直播人员管理包括以下3个方面的内容。

①直播运营要最早到达直播间现场，最晚离开直播间现场。

②直播现场由编导负责直播的执行监督，并填写直播监督检查表。

③将直播间流程规范制作成标准流程图，张贴在直播间显著位置；将每日直播间当值人员表制作成展示牌，并在直播间显著位置展示。

10.1.2 协作规则的编写

10.1.2.1 规则的定义

规则，一般指由群体共同制定、公认或由代表人统一制定并通过的，由群体里的所有成员一起遵守的条例和章程。它存在三种形式：明规则、潜规则、元规则。无论何种规则，只要违背善恶的道德，必须严惩不贷，以维护世间和谐。明规则是有明文规定的规则，存在需要不断完善的局限性；潜规则是无明文规定的规则，约定俗成，无局限性，可弥补明规则的不足；元规则是一种以暴力竞争解决问题的规则，善恶参半。

10.1.2.2 协作规则的定义

协作规则是企业单位对各个工种、工序、岗位之间的关系，上下级之间的连接配合等方面所做的规定。

10.1.2.3 协作规则的具体内容

（1）目的

为了规范管理，强化团队职责，加强内部协调配合，确保团队实现快速、无障碍运营，着力推进效能建设，制定协作规则。

（2）适用范围

协作规则适用于企业内部全体部门及员工。

（3）要求与规定

协作规则的要求与规定包括以下5个方面的内容。

①行政部为协调企业各部门关系的部门，各部门的工作部署、贯彻落实及问题、建议等要主动和行政部及时沟通，共同研究解决办法，并明确专人负责落实。

②各部门负责人是彼此之间配合协调责任人，要依照职责行使职权，各司其职、各负其责。当职能发生交叉时，要站在全局的高度主动加强协调，妥善理顺关系，不得争权扯皮或强调本部门利益。

③企业决定或总负责人指令性交办的事项，各部门负责人要亲自抓落实，明确责任人和参与人，并跟踪、指导和督办，在规定的期限内保质保量按期完成。涉及多部门协作的事项，由总负责人分配工作任务，或由行政部协调分工。各参与部门人员都要积极主动做好分配的工作，并积极协助、帮助其他部门按期完成，积极发挥团队作用。

④企业利益是整体，各部门人员如同这个整体上的一个部件，都负有为其他部门人员配合协作工作的责任和义务，不能推诿，不能应付，必须快速反应，积极主动地进行配合。

⑤请求配合协作的部门应主动申请，讲清情况，态度要诚恳，并要认真听取配合协作部门的意见，相互协商对配合协作能力做出评估，切合实际地提出配合协作要求，不能主观臆断，不能颐指气使、强加于人。

（4）责任处理

破坏协作规则的要求与规定，按下列情形进行责任处理。

①有下列情形之一的，给予配合需求部门负责人行政过失警告：

A．工作态度颐指气使、强加于人的；

B．未事先衔接沟通，擅自安排配合协作部门人员工作的；

C．主观臆断，开出的《部门工作联系单》（见表10–1）脱离实际，严重超出配合协作部门配合能力的；

D．在实施配合协作过程中放任不管，不跟踪或不给配合协作部门提供必要的配合条件的；

E．工作有失误，而又推卸责任的。

②有下列情形之一的，给予配合协作部门负责人行政过失警告：

A．需求部门主动沟通，而配合协作部门推诿、应付的；

B．经过事先沟通协商，配合协作部门仍找理由推脱，不签收《部门工作联系单》的；

C．工作有失误，而又推卸责任的；

D．不跟踪、不反馈，任由下属操作，出现失误的；

E．配合工作时，不听从需求部门安排，颐指气使，擅自妄为的；

F. 企业下达的指令，或签收了《部门工作联系单》，无不可抗力的原因或无正当理由，未按要求保质保量按期完成的。

表10-1 部门工作联系单

<table>
<tr><td colspan="7">申请日期：　　年　　月　　日</td></tr>
<tr><td rowspan="3">提案部门</td><td>提案部门</td><td></td><td>提案人</td><td></td><td>提案部门负责人</td><td></td></tr>
<tr><td>需配合部门</td><td></td><td>需配合人数</td><td></td><td>需要配合时间</td><td></td></tr>
<tr><td>要求说明</td><td colspan="5"></td></tr>
<tr><td>配合部门</td><td>协作说明</td><td colspan="5"></td></tr>
<tr><td>主管部门</td><td>行政部
签字</td><td colspan="2"></td><td>配合部门
负责人</td><td colspan="2"></td></tr>
</table>

说明：①需求部门应根据协作事项注明需求部门、人数、协作时间、具体协作工作内容等；
②配合部门接收本联系单后，必须在3小时内根据提案事项性质给予回复；
③本联系单为部门考核凭据之一，行政部备案留底。

（5）其他规定

协作规则的其他规定如下：

①行政部参与配合协调事项跟踪部门，起着监督审核的作用，并根据审核结论开具奖惩通知单，经总经理审批签字后生效；

②企业对协作规则内容根据实际情况进行补充、修改；

③协作规则由行政部制定并解释和监督执行；

④协作规则自下发之日起生效。

10.2 技术支持

10.2.1 互动特效的制作方法

（1）互动色彩调整

色彩调整可使用函数tint（ ）（图10-1）。运用该函数可改变视频的色调，如图10-2所示。三个参数分别代表RGB（Red，Green，Blue）值。这样移动鼠标时，不但可以改变视频画面的色调，还可以改变视频的大小。

（2）视频马赛克

下面将提供一个范例，让实时视频产生马赛克效果，每个方格大小为20×20像素。两个范例所采用的方法不同，第一个范例如图10–3所示，是运用image（video，0，0，width，height）（图10–4）。将32×24像素的视频拉伸至640×480。

（3）色彩捕捉

下面能让程序捕捉到指定的色彩的范例，如图10–5所示。可用鼠标点击画面中橘子的色彩作为“FindColor”，立即会显示一个正方形跟随橘子而移动，如图10–6所示。

下面是一个将上例与一个数组结合的范例，如图10–7所示。如果鼠标选择了某个特定的色彩，一系列的圆形就会随着目标而移动，实现色彩捕捉互动，如图10–8所示。

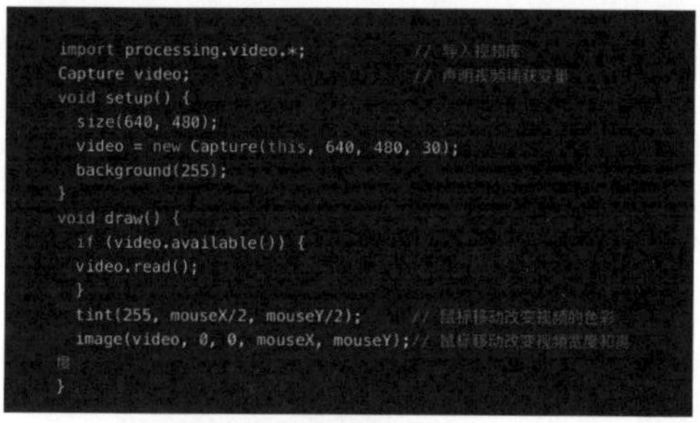

图10–1　函数tint（ ）

图10–2　互动色彩调整案例

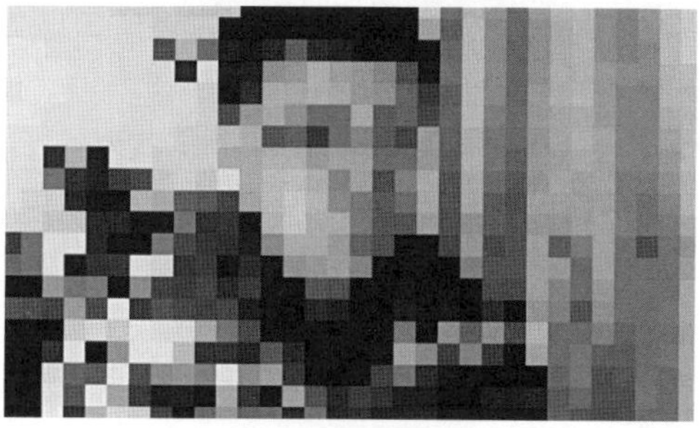

图10–3　马赛克范例一

图10–4　image（video，0，0，width，height）

图10–5　色彩捕捉

图10–6　色彩捕捉范例

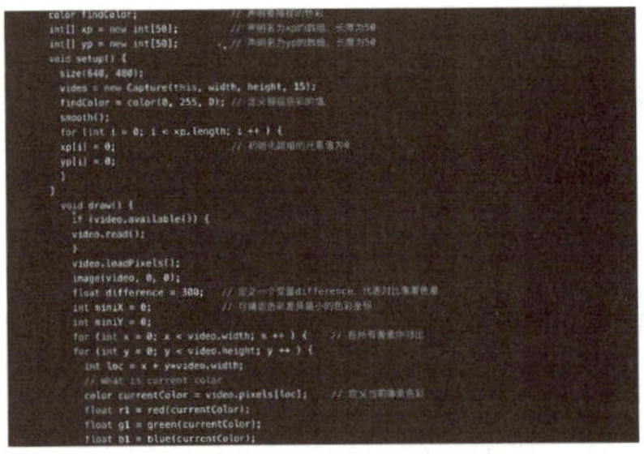

图10–7　色彩捕捉与数组结合

图10–8　色彩捕捉互动范例

（4）版画效果

本例是让实时视频显示出版画效果。这里主要用到的是brightness（ ）函数，如图10–9所示。首先它抽取视频像素的明度值，然后将明度值划分为三个层次：明度大于200、明度范围为101～200、明度范围为0～100。最后将白色、红色、黑色填充至这三个层次的像素。画面的色彩被简化，呈现出色调单一的版画效果，如图10–10所示。

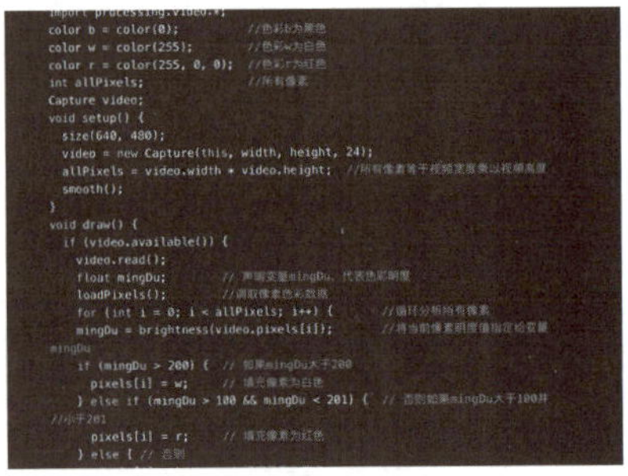

图10–9　Brightness（ ）函数

图10–10　版画效果范例

10.2.2　舆论数据的查看方法

10.2.2.1　舆论数据的定义

舆论数据一般是互联网上的公开数据，一般是指相较于销售数据、用户数据等企业内部之外的数据，包含全网声量、敏感信息、热点信息、发展趋势等。

10.2.2.2　舆论数据的特点

舆论数据是指在舆论调查中所获得的各种数字。它具有以下5个特点：

①数量性。舆论数据是舆论现象的量化表现，尽管大多数舆论现象本身并不含有直接的数量意义，但是为了对它进行标准化的统计和分析，就必须设计测定和量化的方法，使一定的舆论内容用某种数量指标来加以说明和表现。

②具体性。与数学中的抽象数字不同，舆论数据总是具体的，是特定的舆论现象的某项内容的数量表现。

③离散性。舆论数据总是以一个个分散的数字形式表现出来的。

④波动性。舆论调查所得的大量数据都是在一定的社会背景和各种人为因素的参与下测试得出的，即使严格遵循舆论调查的客观性原则，也很难收集到完全相同的舆论数据，因而表现出某种变异性。

⑤规律性。舆论调查所关心的是舆论的总体状况和总体特征，而不是个别人的个别意见和态度。由于现代舆论调查是建立在大数法则基础上的，因而每个个别数据的随机性波动在表现总体时，就会互相抵消而显现出它们共同作用的倾向，使总体具有稳定的性质。

10.2.2.3　舆论数据的统计方法

面对互联网上海量化的实时舆论数据，不论是从收集还是统计角度来看，都存在不小的难度。尤其是一些突发事件、负面新闻，经过传播发酵后，能够在极短的时间内引爆整个舆论场，进而形成关注度极高的舆论热点，在各平台、地域、时间段等维度产生的信息量可想而知。那么，针对这类突发事件、负面新闻传播发酵后形成的舆论热点数据应该如何统计呢？

（1）人工浏览关注法

通过指定专门的负责网络信息监测的专员，每日浏览各大网站、社交媒体、自媒体、新兴媒体等平台的与其相关的数据信息，并从中筛选、整理所需的数据信息，再进行整体的统计。这种方式相对会比较费时费力，且周期较长。

（2）系统软件搜集法

通过借助专业的舆情监测、舆情监控软件，可实现全网信息24小时自动搜集，按时间先后顺序进行排序，方便用户能够第一时间收集到最新的舆情数据信息。并且，通过设置舆情监测关键词或订阅舆情主题、舆论话题、舆情事件等方式进行精准监测，系统会自动过滤干扰信息，将相关的信息数据统计到系统数据库内，供用户一键查阅。

①舆论数据实时统计汇总。通过采用舆情数据统计平台，可对互联网舆情数据进行7×24小时的实时统计分析，当前和过去在互联网上发生了什么，一目了然。如舆情的传播次数、评论次数、转载次数、传播地域数据、传播情感数据、传播趋势数据等。对于负面舆情信息数据还可自动识别，并提供舆情预警通知，舆情统计图表分类整合，自动生成日报、周报和竞品分析报等。

②舆论数据全面统计汇总。通过舆情数据统计平台，可对新闻媒体、社交媒体、主流门户网站、论坛、博客、微信公众号、短视频等多个平台的舆情进行全方位监测统计分析，此外还包括行业舆情数据、营销舆情数据、竞品舆情数据的统计分析等。

③舆论数据定向统计汇总。为了满足用户对于某类平台舆情数据的重点统计分析需求，如微信、抖音、头条，通过采用舆情数据统计平台，可支持定向监测统计分析，如动态的具体传播数、转发数、评论数等。

10.2.3　实时数据的提供方法

数据是可以直接反映出互联网营销状况的重要因素，而实时数据则可以及时对改善经营提供科学的指引。因此，实时数据分析是互联网营销不可缺少的环节。

不同的互联网营销平台，对于实时数据的获取方式、获取途径、获取工具都有所不同，接下来以传统电商——淘宝为例、兴趣电商——抖音为例，详细解读互联网营销实时数据的获取方式。

10.2.3.1 传统电商——以淘宝为例

（1）查看实时交易数据的步骤

在淘宝上查看实时交易数据的步骤如下：

①登录淘宝卖家中心，从【数据中心】选择【生意参谋】；

②页面跳转后，上方蓝色部分横排内容是导航栏。分布着【实时直播】【经营分析】【市场行情】等，如图10–11所示；

③若想获取店铺实时数据，则点击【实时分析】，页面跳转后即可显示数据信息，通过刷新页面可得到新数据；

④若想要获取其他方面的数据，在导航栏点击相应按钮即可。

图10–11　生意参谋界面

（2）重点查看哪些实时数据

在淘宝上可重点查看以下3个方面的实时数据。

①看整体概况。主要有实时店铺访问量、店铺订单、转化率、支付金额，今日和昨日的支付金额趋势曲线。还可查看实时访客榜，知晓访问量靠前的商品。

②看数据波动情况。数据下方有百分比，分别为该项数据今日较前一日和较前一周变化的百分比。数据的上升和下滑分别用红色向上箭头和绿色下降箭头表示。统计时间（日、周、月）的变化情况可在整体模块的最右边查看。

③与同行对比着看。数据下面有橙、黄、蓝三条曲线，分别代表同行同层优秀水平的数据、平均水平的数据以及自己店铺的数据。查看自己的数据波动是否和行业一致，了解自己与行业水平的差距。

（3）如何分析淘宝实时交易数据

淘宝实时交易数据可对以下5个方面进行分析：

①分析销售状况以完善经营计划。卖家借助近期的销售数据与上一阶段的对比分析来获取店铺整体销售情况，在此基础上改善经营计划。

②分析销售毛利以判断获利情况。通过本月毛利率、毛利额与上一阶段对比分析来获悉店铺毛利情况是否良好。

③分析营运可控费用以节约成本。通过与上一阶段支出（除商品成本外）对比分析，参考物价变化来考虑成本节约空间。

④分析库存以调整库存。通过将库存和库销比分别与上一阶段同期数据进行对比分析，预测有无库存积压或异常，并及早调整库存。

⑤分析售罄率以调整进货。通过对比分析上一阶段同期商品售出情况，预测进货、存货量的多少。

10.2.3.2　兴趣电商——以抖音为例

（1）查看实时数据的步骤

在抖音上查看实时数据的步骤如下：

①在“我”界面点击右上角三横图标，选择【创作者服务中心】，如图10–12所示；

②点击【开通数据看板能力】，如图10–13所示；

③满足条件后点击【立即开通】即可，如图10–14所示。

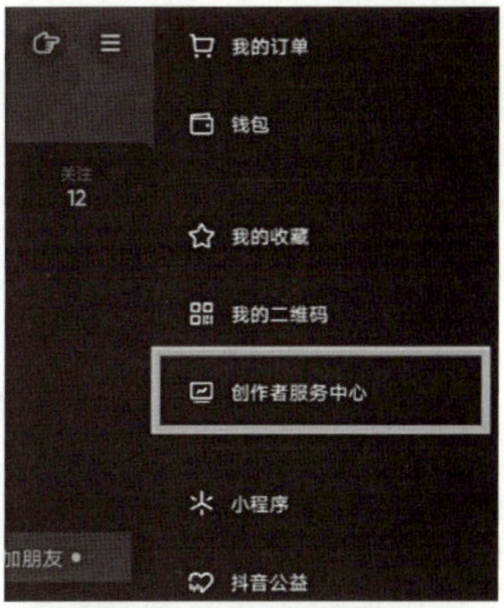

图10–12　创作者服务中心

（2）重点查看哪些实时数据

在抖音上可重点查看以下4个方面的实时数据。

①观众总数。本场直播来自所有渠道的观看人次，是一个很重要的数据。它很明显地呈现在抖音直播间的右上角，很多用户在进入一个直播间后，如果观看人数数据比较少，观看后很快就会离开，这就影响了直播的停留时长。而直播的停留时长，也直接影响直播间是否能获得抖音系统更多的推荐。

图10–13　开通数据看板能力

②新增粉丝数。本场直播下来，一共在抖音平台上新产生关注的粉丝人数。新增粉丝数的多少，也可以衡量直播间能不能抓住粉丝的喜好，是不是有趣，有没有优惠等。

③评论人数。即一场直播过程中，在评论区发表过自己的意见，与主播进行互动的总人数。评论人数的多少，可以反映出粉丝对主播的黏度、信任度的高低，也可以反映主播与粉丝互动程度的高低。只有主播与粉丝密切互动，提高粉丝的信任度时，才能提高直播间氛围，引发粉丝在评论区互动。

④销售额。抖音直播间商品的销售额、销售量和上架数，可以帮助主播快速了解一场直播的带货能力。除了这三个数据，还需要关注直播间的平均客单价、直播间上架的各个商品的销售数据、商品曝光数，从而快速判断直播间观众的消费能力和什么商品最适合这个直播间。

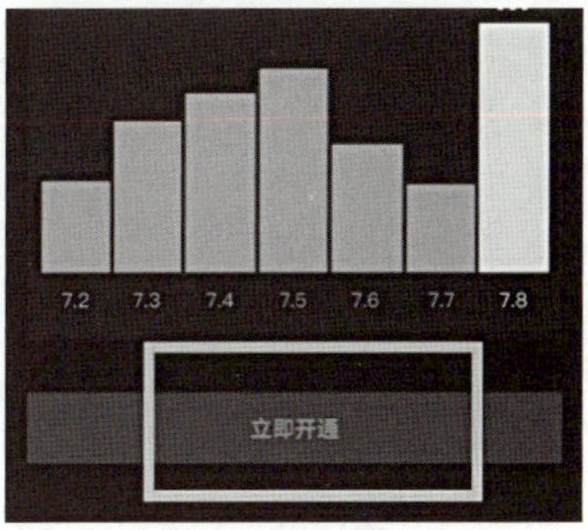

图10–14　立即开通

第 11 章 售后与复盘

知识目标

1. 理解直播售后工作与复盘的重要性；
2. 熟悉直播售后及复盘的基本流程；
3. 掌握直播售后的工作流程及复盘的重点事宜。

技能目标

1. 运用智能交互系统提升客服售后的工作效率；
2. 掌握复盘数据分析的重要数据及基本复盘方法。

职业素养

1. 拥有爱岗敬业、严谨认真、坚守原则的职业道德；
2. 具备及时反馈、虚心学习、尽职尽责的职业精神。

11.1 售后

直播的售后，一方面是直接处理直播出现的问题与状况，可以通过智能客服系统来提升企业处理问题的效率；另一方面是把售后的处理方案与经验沉淀下来，形成企业内部的知识，在日后的工作中避免出现同样的问题，或出现类似问题有参考的解决方案，这就要考验工作报告的撰写能力了。

11.1.1　智能客服系统的使用方法

智能客服系统是在大规模知识处理基础上发展起来的一项面向行业的应用，适用大规模知识处理、自然语言理解、知识管理、自动问答系统、推理等技术行业，智能客服不仅为企业提供了细粒度知识管理技术，还为企业与海量用户之间的沟通建立了一种基于自然语言的、快捷有效的技术手段；同时还能够为企业提供精细化管理所需的统计分析信息。

客服系统是一个企业与客户沟通的桥梁，好的客服系统能帮助企业扩宽市场，维护企业形象，提高客户忠诚度，订单转化率。因此，搭建一个好的客服系统是非常有必要的。随着人工智能技术的提高，智能客服系统也逐渐地取代了传统的客服系统。那么智能客服系统要如何搭建呢?

要想实现搭建一个完善的呼叫中心客服系统，在组建电话客服系统时，企业需要对本企业的电话系统需求进行一个完整的规划设计。

11.1.1.1　搭建智能客服系统的注意事项

（1）确定电话客服系统搭建需求

因行业不同、用户群体不同，所以首先要确定的就是企业所在行业有什么特点，以及目标客户群体的特征属性是什么。例如，营销型企业与客户服务型企业，它们的客户群体特征是明显不同的。具体来说就是需要思考建立怎样的市场营销体系、客户群体的结构以及长期客户关系的发展与维护等。总之，组建一个电话客服系统，需要根据企业特点和用户需求确定，不同的需求电话客服呼叫中心侧重点是不一样的。

（2）智能客服系统技术规划

呼叫中心客服系统搭建方式有很多种，比如集中式、分布式、混合式，以及采用本地部署、云呼叫中心远程部署，可以根据业务类型来选择合适的智能客服系统搭建方式。还有就是电话客服系统的接入方式，客服坐席主要是固定电话、手机接听，还有SIP话机（网络电话）、耳麦电话等方式，还包括其他的呼叫业务管理系统以及数据系统支持等，企业需要进行一个完整的规划，这样的呼叫中心才会符合企业需求的客服电话系统要求。

（3）系统试运营与验收

在电话客服系统搭建完成之后，还需要由专门的技术人员进行测试试运营，对系统进行全方面测试，测试合格后才能上线。具体来说，就是需要在系统中导入基础的数据进行测试使用，测试各项功能是否能够执行，完成之后再出具一份电话客服系统测试评估与改进报告，并提交呼叫中心厂商来进行优化和完善。

（4）选择优秀的电话客服系统服务商

电话客服系统运行是否良好、稳定以及后续的更新优化是否及时直接决定了企业的服务质量。主要表现在访客高峰期电话客服系统呼叫能否保持稳定和顺畅，是否会出现通话卡顿或掉线，操作死机的情况；在系统后续的维护更新时，电话客服系统服务商是否能够及时进行维护上线，这都需要企业去选择一个优秀的服务商，以免因为系统问题耽误日常的工作，导致客户的流失。

11.1.1.2 智能客服系统的搭建

（1）智能客服系统的对话服务

智能客服系统主要基于自然语言处理、大规模机器学习、深度学习技术，使用海量数据建立对话模型，结合多轮对话与实时反馈自主学习，精准识别用户意图，支持文字、语音、图片等富媒体交互，可实现语义解析和多形式的对话。

①任务对话服务。定制化服务，通过与用户的多轮交互，实现快递查询、订餐、医生预诊等服务类功能。

②业务咨询服务。通过QA（Quality Assurance，质量保证）知识库，快速回复用户问题咨询服务，解决常见问题的解答。

（2）智能客服系统的技术架构

智能客服系统的技术架构主要有2类。

①基于知识库回答的智能客服系统。主要是基于知识库回答的智能客服系统，是使用检索或者分类模型来实现的。

检索式回答的流程：首先对用户的输入问题做处理，如分词、抽取关键词、同义词扩展、计算句子向量等；然后基于处理结果在知识库中做检索匹配，例如利用BM25算法、TF-IDF算法或者向量相似度等匹配出一个问题集合，与推荐系统中的召回过程类似。

②基于槽位填充的多轮对话系统。搭建基于槽位的对话系统是一个相对专业而复杂的过程，通常分为三个主要的阶段。首先是需求分析，然后是使用平台搭建BOT（机器人程序），最后是持续优化。

例如，用户想订购2022年8月25日早上8点北京到石家庄的火车。在这个例子中，对于用户表达的一句话，它的意图是要订购火车票，其中涉及的词槽包括出发地、目的地、时间。当这个时间有多趟车次的时候，就需要进行追问用户，确定要订哪一个。

以百度UNIT平台为例，搭建一个买票智能回复的流程：

A．需求分析：订火车票需要知道时间、出发地、目的地。

B．新建一个BOT：命名火车票。

C．新建对话意图：命名订票。

D．添加词槽：出发时间先选择系统词槽词典，然后选择系统词典SysTime（时间），出发地词槽、目的地词槽，这两个都可以直接选择系统词典，这些都是必填项。

E．设置词槽与意图关联属性：这里火车票的出发时间是订票过程中必需的关键信息，所以选择必填。澄清脚本就是当用户表达订票需求的语句里缺少出发时间时BOT主动让用户澄清的脚本。还可以设置让用户澄清多少轮后放弃要求澄清，默认是3次。

F．设置BOT回应：BOT回应就是当BOT识别出用户的意图和所有必填词槽值时给用户的反馈。对于订票回复一般对接API（应用程序编程接口）接口，实现自动生成方式。

当然，一个完整的电话机器人，需要用到电话交换、语音识别、语音合成、脚本交互等多方面的技术。如果不想专注那么多细节，也可以直接使用中间层产品，如朗深的电话AI中间件等，这些产品都提供了丰富的接口，可以帮助集成商快速地将智能客服系统集成到自己的业务应用。

11.1.2　工作报告主要内容的撰写技巧

（1）书写态度要“诚”

对工作进行总结，是对自己劳动成果的尊重，是对自己负责的表现。要以诚恳的态度来撰写工作报告，这是写好总结报告的前提。

（2）报告概要要“明”

工作报告的概要很重要，对整个工作报告起到画龙点睛、提纲挈领的作用。概要能否非常明确地概括整个工作报告的核心内容非常关键。在撰写概要时，要将目标对象不知道的关键信息放在概要里；将自己渴望得到对方反馈的关键信息放在概要里。

（3）概括成绩要“实”

在工作报告中，对自己取得的成绩要高度完整地概括。概括自己的成绩要实事求是，所有的成绩都要经得起推敲，只有实事求是地总结自己的成绩，才能赢得领导、同事的尊重。

（4）总结经验要“真”

总结工作经验，对个人的成长非常重要。总结经验要真，要明确成绩取得的真实原因，自己在工作中的真实感悟，并将自己的真实感悟系统化。在总结经验时，不要仅仅就事论事，而要努力做到触类旁通，让自己的经验对某一类的问题解决都具有一定的启发意义。

（5）分析问题要“透”

正视工作中存在的问题，勇于剖析问题。与成绩相比，领导和同事往往更关注我们工作中存在的问题。分析工作中存在的问题要全面、透彻，既不避重就轻、推卸个人责任，也不过分自我苛责。从个人、团队，主观、客观等多角度来分析导致工作存在问题的原因，并对各种原因的关系进行系统分析。

（6）改进举措要“准”

针对工作中存在的问题，要制定有针对性的改进措施。改进措施要做到准确、到位，切中问题要害。有时不确定对问题改进举措是否足够“准”的，要多和领导、同事交流沟通，多听听他们的意见，会给自己不一样的启发。

（7）计划安排要“细”

细致之处见功夫，细节之处见水平。细致是帮助每个人实现卓越的阶梯，也是非常重要的职业的磨炼。在做计划安排时，一定要细致，要考虑到计划推进的每个细节。

（8）恳求支持要“理”

无论是推进工作问题的改进，还是推动一项新的工作，都需要得到领导和同事的支持。恳请支持要“理”，就是努力做到寻求别人帮助的态度要真诚，理由要充分。让领导和同事理解、支持自己的工作。既要有真诚的态度，也需要讲究方法。要善于站在对方的角度，将希望对方支持自己的理由讲明白、说清楚，要让对方看到工作改进给组织和团队带来的巨大价值。

（9）报告收尾要“谦”

谦虚使人进步，骄傲使人落后。成功的时候，多想想别人的帮助；工作出了问题，多反思一下自己。因此，可在总结报告的结尾写上一句“请领导多批评指正”。

总之，写好总结报告需要长期的历练。多一点谦卑心，多一份自我反思的精神，撰写出的工作报告才会得到更多人的欣赏。

11.2 复盘

古人云：吾日三省吾身。在直播中，复盘甚至比直播本身还要重要，比如，直播过程中哪里犯错了，互动有什么问题，回答了粉丝的哪些问题以及商品上架有什么问题等，并通过数据的变化情况来调整整体直播的节奏。不断地查漏补缺，改进不足，为接下来的运营战略提供更具价值的可行性方案。

11.2.1　数据系统和操作流程的制定方法

11.2.1.1　直播数据复盘价值

对于直播团队来说，直播数据复盘的价值和意义重大。通过复盘能将直播过程梳理一遍，对经验和教训进行总结，这是一项很重要的工作流程，通过复盘回顾整场直播，至少可以得到以下3个方面的收获。

（1）发现规律、工作流程化

在直播的时候，主播利用一些技巧或者方法，有时可以起到事半功倍的效果。但是这些方法并不是唯一的，也不是固定的，需要根据自己的特点不断摸索最适合自己的方式方法。通过回顾，看到哪些方式方法适合自己，可以让整个直播间的工作更加流程化。

（2）纠正错误、避免继续犯错

通过回顾，直播团队一定会发现直播中有错误的地方，把这些出错的部分记录下来，进行改正优化，下次就能避免同样的问题产生，使得每一次直播都比上一次更好。

（3）将经验转化为能力

直播的时候经常会遇到突发情况，通过不断地分析总结、记录案例，以后遇到紧急状况的时候就能沉着应对。

11.2.1.2　直播数据复盘流程

在了解了直播复盘的重要性后，直播团队要如何有计划地进行复盘呢？一般来说可以分为4个步骤：直播回顾、数据分析、直播间优化、粉丝需求反馈。

（1）直播回顾

直播结束之后回顾流程，首先要梳理出本场直播的优点和犯错点：比如直播过程中哪里犯错了，哪里互动有问题，或者粉丝提到的问题，商品上架问题等。

（2）数据分析

直播间内所有的行为都会产生数据，复盘重点要去查看的数据包括用户停留时长、互动率、商品点击与转化率等。例如，商品点击数代表主播的引导能力与货品的吸引力，思考如何提升直播间的商品点击数。

还有一个很好的方式就是观察同行，通过分析同行的数据表现，结合自身的需求预设直播目标。此外，飞瓜智投（一种直播运营系统）曾经分享的关于直播间自然流量转化率和商品点击率的平均值，也可以作为直播复盘时的参考依据。

（3）直播间优化

发现问题之后，接下来要做的就是直播间的优化。直播间优化可以从以下几个方向去改进：

①提升直播热度，适当上架引流款、秒杀款商品；

②让粉丝能够在自己的直播间有获得感，花更少的钱买到更优质的商品；

③提升主播的引导力、感染力、亲和力；

④货品的类目匹配、性价比、价格与目标人群的匹配。

（4）粉丝需求反馈

复盘的最后一个环节是尽可能多地收集粉丝观众的反馈信息。反馈的渠道来源可以通过直播时的评论、私信以及客服收集的粉丝问题等。这些反馈内容不仅有利于我们解决问题，还可以进一步了解用户对于直播或者对商品的需求。

11.2.1.3 直播数据复盘工具

俗话说，工欲善其事，必先利其器。要完成一场有效的数据复盘，除了合理的复盘路径外，高效的数据复盘工具也是必不可少的。

除了抖音官方的数据后台外，可以再运用一下其他平台的数据复盘功能。比如飞瓜智投，该平台整合了用户更多细节方面的需求，支持直播回放、弹幕评论回顾等，并且在直播数据方面，将时间颗粒度细化到分钟级，直播过程中每分钟对应的在线人数、销售额、订单数、转粉率都可以非常直观地予以呈现。还可以看到直播时每一件商品的上架时间及讲解次数，对于哪件商品上架后直接提升转化，或者哪件商品不受粉丝欢迎导致数据下降的问题，都可以很直观地发现。另外，在直播过程中标记的场记和场控预警提示也会在数据指标走势图下方一一对应呈现。

11.2.2 数据分析标准的制定方法

11.2.2.1 制定标准的一般步骤

（1）梳理问题流程，寻找关键指标

首先要明白制定标准是为了什么？从目的出发，寻找能够直接反映业务问题的指标，比如“产品质量好”，直接想到的就是“退货率”这个指标，退货率越低，说明客户越认可该产品。当然，有时候可能需要多个指标来共同反映同一件事情，比如“产品卖得好”，仅看销售件数还不够，还得结合产品毛利以及库存来做综合评价。

（2）找简单、易识别的指标制定切分线

切分线的制定直接决定后面的判断分类，切分线如何选择下文将会详细描述。

（3）进行结果对比，调整切分方式

根据选择的指标与切分线，即可对业务现状进行判断，倘若判断结果无法反映业务的真实情况，则需要不断地迭代优化切分方式。

11.2.2.2　如何设立标准

（1）一维分类

一维的结果类指标是比较容易制定标准的，因为一维指标的业务含义比较明确，简单、清晰、直观，无需深究复杂的业务流程，难点在于结合实际业务划分切分线。常见的切分方法有以下几种。

①算数值。

A．平均法。比如一组销售员的业绩从10万到100万不等，如何判断谁好谁坏呢？平均法则以这一组数的算术平均数作为切分线，低于平均数则“差”，高于平均数则“好”。简单易行，可解释性强。

平均法所反映的业务含义很清晰：可以直接找到低于平均水准的人；可以推算出接下来的目标或者所需人数。例如，每人每月平均能做50万，那么10个人下个月的业绩目标是500万；每人每月平均能做50万，那么下个月300万的业绩需要6个人。

平均法的缺点是受极值影响大，因此不适合极值很大的数据，可采用中位数代替。

B．分摊法。比如本月销售目标1000万，销售队伍10个人，所以每人分100万，能达到100万的则“好”，达不到100万的则“差”。看起来和平均法很像，但是有一个本质区别，平均法是基于已经发生的现状，而分摊法则是基于任务要求。

②算排序。

A．二八法。二八法则在大部分行业里都通用，按照二八法则排序后，选择前20%的最小值作为切分线，高于该值则“好”，低于该值则“不好”。

B．十分位法。根据数值大小进行排序，将其均匀切分为十段，这样可以看出从高到低各层级的水平，再结合具体的业务场景选择切分线。

注意：直接用“算排序”的方法来确定切分线不一定合适，还要结合具体的数值来看，如果数值全部都特别低，即使设置20%的划分线，仍然是一个不合格的低标准。

③找标杆。

A．竞品对标法。寻找竞品的相关指标进行对比，超过则“好”，不足就“不好”。

B．自然周期法。主要看同比数据，假设每年都有一个正常走势，则符合正常走势且比去年表现好则算“好”，比去年表现差则算“不好”。

（2）二维指标分类

很多业务场景一个指标并不能全面地反映业务的情况，因此二维指标也很常见。

成对出现的指标，在逻辑上往往存在一定的联系：

A．串行关系：订单/回款，点击/转化，活跃/付费。

B．并行关系：数量/质量，投入/产出。

象限法，就是首先在一个二维坐标系上画散点图，然后分别给X轴和Y轴画切分线（X轴和Y轴的切分线怎么划分可以参考一维分类中提到的方法），将散点图划分为四个模块，最后根据业务场景定义模块所代表的业务含义。

著名的波士顿矩阵就是利用象限法，通过销售增长率和市场占有率将不同的产品划分为

4个不同的类别。

二维指标分类的注意事项具体如下：

A．当两个指标之间关联度越小时，业务含义越容易解读。适合用象限法进行分类的指标：

a．两个完全相反的指标：投入/产出；

b．递进指标：点击/转化；

c．一个问题的两个侧面：活跃/付费，市场增长率/市场份额。

B．并不是任何两个指标都适合用象限法进行分类：

a．如果两个指标高度相关，散点图几乎在同一条直线上，则画出来的象限图便失去了解的意义；此种情况用其中一个指标进行分类即可。

b．若两个指标分类后无法结合业务场景解读分类后的意义，做出来的象限图也是无用的。

（3）三维指标分类

三维指标有两种常见形态：并列指标与串行指标，不同类型的指标处理方法如下：

①并列指标。比如考核销售好坏的：销量、销售额、利润。

A．在给每个指标划分好切分线之后，若各指标重要性差异不大时，可直接规定达标次数越多越好。例如，A～F团队，在销量（量）、销售额（收）、利润（利），三个指标上的达标情况如表11-1所示，可直接根据达标次数进行排名。

表11-1　A～F团队指标达标情况（差异小）

	① A团队	② B团队	③ C团队	④ D团队	⑤ E团队	⑥ F团队
量	√	√	√	√	×	×
收	√	√	×	×	√	×
利	√	×	√	×	×	×

B．若每个指标重要性差异巨大的时候，如表11-2所示，要与业务部门沟通，对指标进行重要性排序，不达标的一票否决。

表11-2　A～F团队指标达标情况（差异大）

	① A团队	② B团队	③ C团队	④ D团队	⑤ E团队	⑥ F团队
利	√	×	√	×	×	×
收	√	√	×	×	√	×
量	√	√	√	√	×	×

②串行指标。比如考核运营好坏的：注册、活跃、转化。

串行指标可采用漏斗分析法，通过计算各个层级之间的转化率，可将三维问题压缩为二维问题，进而采用象限法进行分类。

③RFM模型。RFM模型就是通过最近一次的消费时间（Recency）、消费频率（Frequency）、消费金额（Monetary）三个指标通过象限法将客户分为8类：重要发展客户、重要价值客户、一般发展客户、一般价值客户、重要挽留客户、重要保持客户、一般挽留客户、一般保持客户。针对不同类别的客户开展不同的营销、运营方式。但三维很少用矩阵法，因为拆得太细业务部门可能无法执行推进，这样就失去了分类的意义。

尽管设立标准有一套独特的方法论，但是最重要的还是要多与业务部门沟通，分类结果首先要获得业务部门的认可，因为数据是为业务服务的，脱离了业务，就算标准再好，也无法落地，就失去了数据分析的意义。

参考文献

［1］富爱直播，陈楠华，李格华. 直播运营一本通：教你从主播修炼、平台运营到商业获利［M］. 北京：化学工业出版社，2021.

［2］王鉴. 深度营销：解决方案式销售行动指南［M］. 北京：机械工业出版社，2017.

［3］任彭枞. 产品开发管理：方法、流程、工具［M］. 北京：中华工商联合出版社，2018.

［4］张在旺. 有效竞品分析：好产品必备的竞品分析方法论［M］. 北京：机械工业出版社，2019.

［5］宫迅伟，汪浩，刘成. 供应商全生命周期管理［M］. 北京：机械工业出版社，2019.

［6］刘少丹. 客户服务部精细化管理手册［M］. 北京：人民邮电出版社，2018.

［7］神龙摄影. 手机摄影与视频拍摄从入门到精通［M］. 北京：北京大学出版社，2022.

［8］李国强，苗杰. 市场调查与市场分析［M］. 3版. 北京：中国人民大学出版社，2017.

［9］刘新立. 风险管理［M］. 2版. 北京：北京大学出版社，2014.

［10］梁宸瑜，曹云露，马英. 直播带货：让你的流量持续低成本变现［M］. 北京：人民邮电出版社，2020.